UN ÉTÉ
A
MEUDON,

PAR

FRÉDÉRIC SOULIÉ,

AUTEUR DU VICOMTE DE BÉZIERS, DU MAGNÉTISEUR, ETC.

—

Tome Premier.

BRUXELLES.

J. P. MELINE, LIBRAIRE-ÉDITEUR.
—
1836.

UN ÉTÉ A MEUDON.

Imprimerie de Ode et Wodon.

UN ÉTÉ
A
MEUDON,

PAR

Frédéric Soulié,

AUTEUR DU VICOMTE DE BÉZIERS, DU MAGNÉTISEUR, ETC.

TOME PREMIER.

BRUXELLES.
J. P. MELINE, LIBRAIRE-ÉDITEUR.

1836

Paris, décembre 1835.

A MON FRÈRE DE COEUR

Alphonse Bayle,

A ALGER.

Mon cher Alphonse,

Je vous envoie ce livre qui vous appartient presque autant qu'à moi. Vous le connaissez, car il n'est que le recueil de quelques-uns des longs récits que nous faisions entre nous. Qu'il vous rappelle sous vos orangers d'Afrique, nos belles soirées de Meudon.

Ce souvenir, conservez-le bien entier dans votre cœur, car il n'en reste déjà plus que ce livre, et notre sainte et fraternelle amitié. Oui, mon cher Alphonse, on a détruit ce gros et lourd pavillon que nous habitions. Ce débris oublié d'un vaste château, cette forte bâtisse avec son large escalier de pierre et sa vieille rampe de fer; ce salon, aux larges fenêtres, avec sa terrasse ceinte de clématites, et couronnée de raisins, tout cela n'existe plus.

Un propriétaire parisien est venu avec beaucoup de plâtre, deux maçons et un badigeonneur : il a recrépi les vieux murs solennels de notre demeure; il a arraché les dalles pour mettre des tuiles; il a posé de petites jalousies vertes à la place de nos épais contrevens; il a dessiné au plâtre des pierres de taille sur la brique rouge qui encadrait nos croisées; il a dégradé l'escalier en le réparant; il a mis du treillage où il y avait du fer; il a tracé de petits sentiers dans le large gazon qui descendait au jardin; enfin pour comble de barbarie, il a arraché notre belle et suave clématite qui nous envoyait de si doux parfums quand nous étions tous trois sur la terrasse qui domine le vaste amphithéâtre des bois de Fleury.

Car nous étions trois, vous vous le rappelez; moi qui vous aime tous deux, vous comme mon ami, elle comme ma providence; et vous deux, qui m'aimez aussi sans doute, parce que je vous aime.

Vous trouverez dans ce livre quelques-uns de vos souvenirs de Russie, car votre vie est ainsi faite, qu'après avoir vécu loin de nous dans les neiges de Saint-Pétersbourg, il vous faut aller vivre loin de nous, sous le brûlant soleil de l'Afrique.

Soyez-y heureux.

Vous êtes dans un pays où il fait bon vivre, un pays où le ciel est pur, et l'air tiède, où le silence des nuits endort, où la beauté des jours égaie. Quand on a touché le monde, mon cher Alphonse, et qu'on l'a trouvé égoïste, méprisable et railleur; quand on a fait son culte des arts, et qu'on a découvert qu'ils ne sont plus qu'un commerce, où le plus adroit est le plus renommé; quand on a donné sa vie à l'étude, et que l'étude n'a fait que dépouiller notre front de ses cheveux sans y mettre une couronne; alors on voudrait une maison comme la vôtre, avec une fontaine qui murmure sans cesse, des orangers qui parfument toujours, et le repos de l'ame avec celui du corps.

Ce n'est pas là ma destinée : la mienne est enchaînée au travail, et peut-être ne me sentirais-je la force de l'accomplir, si une main amie ne me soutenait. Mais vous savez ce que cette main a de force et de saint dévouement : elle se joint à la mienne pour serrer la vôtre, et si elle ne signe pas cet envoi comme je fais, c'est qu'elle ne réclame rien de ce qu'elle me donne, pas même les pensées que je lui dois.

Frédéric Soulié.

LA NIÈCE DE VAUGELAS.

I.

La Nièce de Vaugelas.

Les dieux s'en vont, ou, pour mieux parler, le grand dieu s'en va, le hasard s'exile, la loterie est abolie. Encore quelques mois, et cette chance de fortune soudaine va nous être enlevée. Oh! que de joies innocentes, que de belles illusions, que de rêves dorés va détruire bientôt l'article législatif qui ne croyait tuer qu'un abus! O mes lecteurs, si jamais quelqu'un de vous a placé une pièce de cinq francs sur un quaterne qui doit lui rapporter trois cent soixante-quinze mille francs, qu'il le dise : n'a-t-il pas aussitôt regardé d'un œil de dédain son salon de velours d'Utrecht et sa chambre de calicot; sa bibliothèque de merisier mal garnie de livres brochés ne lui a-t-elle pas semblé mesquine et insuffisante; ne s'est-il pas souvenu de quelque riche damas à reflets d'or qui fera à merveille dans son salon ; n'a-t-il pas eu idée de quelque toile perse bien capricieuse pour tendre sa chambre et d'un superbe acajou pour protéger de la poussière ses livres dorés sur plat? Lorsque son portier lui a monté ses bottes et lui a remis ses lettres parmi lesquelles une assignation, ne s'est-il pas promis d'avoir un groom et de penser à ses dettes ? Et lorsque ces rêves se font à deux, comme ils sont enivrans, combien ne renferment-ils pas de belles jouissances ! c'est une maison de campagne dans les bois, doux asile où l'on jure de ne plus se quereller; ce sont des voyages à travers l'Europe pour en visiter toutes les contrées, en admirer les beautés, en étudier le caractère; et puis quelle douce vie intérieure et paresseuse ! on pourra recevoir quelques amis; on aura un tiers de loge aux Italiens, on ne portera plus de socques ni de parapluie : quand il pleuvra on prendra un fiacre! Belle vie, en effet! pouvoir prendre un fiacre quand il pleut, c'est beau comme de s'appeler monsieur le baron de Rotschild. Un fiacre ! un fiacre ! — Mais pourquoi un fiacre ? je veux un équipage. — Mais, mon ami, notre fortune n'y suffira pas ? — Notre fortune, je la double ; je mets cinq francs de plus sur mon quaterne ; je suis riche de sept cent cinquante mille francs, trente-sept mille cinq cents francs de rente, mille écus par mois. Alors on a un équipage, un cabinet à côté de son salon, un boudoir à côté de sa chambre, un cocher, un domestique pour servir à table et monter derrière la voiture. — Nous irons une fois par semaine à l'Opéra, et l'été aux eaux, et l'automne à notre terre. — Mais, mais... — Quoi ? — Trente-six mille livres de rente, c'est bien peu pour tout cela. — N'est-ce pas assez ? allons, vingt francs au quaterne... Vingt francs, entendez-vous, vingt francs qui me donneront soixante-quinze mille livres de rente, et alors j'aurai ce que je voudrai, car si ce n'est pas assez de vingt francs, en voilà quarante et j'ai cent cinquante mille écus de revenu. Voulez-vous monter dans ma voiture ? — Venez passer une semaine à mon château. — Avez-vous vu courir mon cheval bai qui a dépassé *miss Annette* d'une longueur de tête ? — Vous n'avez pas de place pour voir danser Taglioni ? entrez dans ma loge. — Je reviens d'Amsterdam. — Je pars pour Rome. — Je me suis ennuyé à Londres. — J'ai été nommé député à une majorité de trente voix.

— Vous, député ? comment voterez-vous ?

— Je voterai pour le rétablissement de la loterie.

Car ils nous l'ont tuée, notre loterie; ils nous l'ont tuée à nous tous, à moi, à vous, à lui, et à ma cuisinière aussi, à Rosalie, qui ne rêve ni châteaux, ni parcs, ni équipages, mais qui rêve qu'elle aura une cuisinière et que cette cuisinière ne volera pas. Nobles illusions, je vous dis adieu pour elle et pour moi !

Qu'on me pardonne ces regrets, et qu'on ne se hâte pas de les blâmer, il doit m'être permis, à moi qui fais des vers, de jeter quelques larmes à ce poète qui s'en va, car ce fut un grand poète que la loterie. Ni Byron, ni Lamartine, ni Victor Hugo n'ont jamais créé de si magnifiques palais et de si pures retraites ; jamais ils n'ont donné à l'ame de si brillantes ambitions, de si fécondes extases et de plus suaves rêveries. Je le dis, la loterie fut un grand poète, et le meilleure preuve que j'en puisse donner, c'est qu'elle eut pour premier ennemi un grammairien, ce grammairien s'appelait Favre de Vaugelas, baron de Péroges.

Or c'était en 1644. Dans une courtille qui occupait le terrain où passe aujourd'hui la rue du Pas-de-la-Mule, s'élevait une maison assez propre en apparence; elle était située juste à l'endroit où nous avons vu les Pompes Funèbres et où va s'élever un théâtre; pompes funèbres et théâtre dirigés, comme on sait, par deux ou trois de nos plus gais vaudevillistes : quelle belle leçon pour l'humanité! l'argent gagné sur le rire est employé à enterrer les rieurs. *O vanitas!* etc., etc. Je recommande ce texte à l'abbé Châtel.

C'était donc en 1644, c'était aussi dans la petite maison dont je viens de parler. Je dis petite maison parce qu'elle n'était pas grande, voilà tout : et je vous donne cette explication, parce que si j'avais laissé passer sans commentaire ce mot équivoque de petite maison, vous auriez peut-être mal pensé de trois jeunes filles assises devant la porte qui communiquait du salon au jardin, groupe charmant qui offrait ses gracieux visages aux derniers rayons d'un beau soleil de septembre. Le soleil de septembre, c'est comme la loterie qui s'en va, on court à ses derniers rayons comme on va courir aux derniers tirages de la loterie.

Toutefois la ressemblance ne va pas plus loin,

car si, au moment dont je parle, c'était le coucher du soleil, c'était en même temps l'aurore de la loterie.

Mais ne nous laissons pas emporter par la chaleur du récit, comme disent les romanciers; n'anticipons pas sur le cours des événemens, et revenons à nos trois jeunes filles assises devant la porte du salon de la petite maison.

L'une s'appelait mademoiselle de Maillebois, et avait dix-huit ans; l'autre, mademoiselle de Lampadère, et avait dix-neuf ans; la troisième se nommait Claudine-Antoinette de Chaudmonté, et avait vingt-cinq ans. Celle-ci était sur cette terrible limite de la jeune fille et de la vieille fille; elle *bletissait*, selon l'expression de Cyrano de Bergerac. Elle montait en graine, comme eût dit le duc de Saint-Simon. Elle était pourtant belle, quoiqu'elle l'eût été plus qu'elle ne l'était: mais une pâleur maladive, un peu de cette teinte jaunâtre qui annonce trop de maturité dans la poire et dans la jeunesse, la rendaient peu agréable au premier aspect. Il fallait l'étudier avec amour (comme on étudie Stace et Gluck) pour comprendre toutes ses beautés: pour apprécier tous ses charmes, il fallait entrer avec complaisance dans les mille raisons qui l'avaient *décharmée*. Mais quand on avait fait la part de la mesquine toilette qu'elle portait, de l'étroite misère dans laquelle elle avait vécu, et des longs ennuis qu'elle avait supportés, on était forcé de reconnaître que mademoiselle Antoinette de Chaudmonté était une admirable personne ; comme on reconnaît, grâce aux commentateurs et aux contre-pointistes, que Stace est le prince des poètes, et que Gluck est beaucoup plus neuf que Rossini.

Parce que c'étaient trois jeunes filles dans l'acception la plus étendue du mot, elles se taisaient. Cependant ce silence était gros de petits secrets ; mais les petits secrets des vraies jeunes filles ne sont pas prompts à s'échapper, comme ceux des filles faites, des jeunes femmes et des vieilles filles. Cela tient sans doute à ce qu'il n'y a, au fond de ces petits secrets, ni remords ni vanité, ni médisance. Ces trois inépuisables *dadas* de la conversation féminine.

Cependant toute chose a un terme, et le silence plus qu'autre chose : mademoiselle de Lampadère rompit la digue la première, et s'adressant à ses compagnes, elle leur dit :

— Eh bien ! mes bonnes amies, il paraît que nous ne sommes pas plus heureuses aujourd'hui qu'il y a un mois, et que nos mariages sont décidément une affaire manquée.

Les deux bonnes amies répondirent par un hélas commun. Mais celui de mademoiselle de Maillebois, qui n'avait que dix-huit ans, fut poussé le nez en l'air, comme un regret jeté au passé, et une espérance redemandée à l'avenir. Celui de mademoiselle de Chaudmonté, au contraire, fut prononcé à voix sourde, et la tête baissée, comme le dernier cri d'un espoir éteint, et le premier effort d'une résignation éternelle. Mademoiselle de Maillebois continua :

— En vérité, je comprendrais votre désespoir si vos parens avaient les mêmes raisons que mon père pour repousser vos *poursuivans*. Mais d'après ce que tu m'as dit, ma bonne Maillebois, je ne me figure pas que tu renonces à fléchir l'antipathie de ta mère pour un homme sans naissance, mais qui est immensément riche; et toi, ma belle Chaudmonté, je ne puis croire que les obstacles qui s'opposent à ton mariage soient insurmontables, quoique tu aies refusé de nous les faire connaître.

— Que tu raisonnes mal des choses et des personnes, ma belle Lampadère, reprit en souriant tristement mademoiselle de Maillebois, et combien tu connais peu ceux de notre race! Ma mère est une Rochecantin de Concarnau, de la meilleure noblesse bretonne; et lorsqu'elle entend annoncer mon futur sous le nom mesquin de M. Beuvard, il lui prend des vapeurs qui m'alarment sérieusement. Ne t'étonne point, ma chère, si je te dis qu'elle mourrait le jour où on m'appellerait madame Beuvard, mon nom dût-il être écrit en diamans sur le portail du manoir de Rochecantin à la place de notre écusson. Mais ce qui est véritablement surprenant, c'est que tu n'aies pas plus de confiance dans le succès de ton mariage; car enfin, M. de Moirot que tu aimes est de bonne maison, d'une figure convenable, d'une fortune prouvée : c'est un galant homme de toutes façons, et qui n'a rien contre lui.

— Rien en effet, ma toute belle, répondit mademoiselle de Lampadère, rien, si ce n'est d'être de la religion et d'avoir servi les Huguenots sous le prince Henri de Rohan contre feu M. le cardinal de Richelieu dont mon père était capitaine. Aussi n'en veut-il pas entendre parler; et je suis assurée que mon père allumerait plutôt le bûcher de mon futur que les flambeaux de notre hymen.

Ce petit trait d'esprit fit sourire les trois jeunes filles, et mademoiselle de Lampadère continua encore :

— Mais toi, ma chère Chaudmonté, qui ne

dis rien, et sembles livrée à un désespoir sans fin, quelle raison ton oncle M. de Vaugelas donne-t-il à son refus de te laisser épouser M. de Lannois; serait-ce qu'il n'est pas bon gentilhomme, comme il arrive à M. Beuvard?

— Ce n'est point cela.

— Sa religion est-elle suspecte?

— Non.

— Sa fortune?

— Elle est immense, comparée à celle de mon oncle.

— Ses mœurs?

Mademoiselle de Chaudmonté rougit, et balbutia :

— Je les crois pures.

— Ne l'aimes-tu point?

— Je n'aimerai plus que lui.

Pauvre fille de vingt-cinq ans! que ce mot renfermait de tristes histoires! En effet, M. de Lannois était le cinquième prétendant à qui Antoinette de Chaudmonté avait honnêtement donné son cœur, et c'était le cinquième que les bizarreries de son oncle allaient lui faire perdre. Pauvre jeune fille, en effet! qu'il lui avait fallu de force et de vertu pour oublier ses quatre premiers amoureux les uns après les autres! Au cinquième, la lassitude la prit, et elle s'était dit avec désespoir : Celui-là, je l'aimerai pour la vie. Et qu'on me permette de faire remarquer combien ceci prouve l'honnêteté des passions de cette malheureuse Chaudmonté, de s'être lassée de l'amour à son cinquième amoureux. Assurément, si elle leur eût donné autre chose que son cœur, le cinquième n'eût pas été assez, elle en aurait eu un sixième, un septième, un huitième, etc... En amour, l'envie de donner augmente en raison de la libéralité passée. Ninon, qui était la contemporaine de notre héroïne, a formulé dans une phrase célèbre la raison de cette continuité de faiblesses. A quelqu'un qui lui reprochait ses nombreux amans, elle répondait : Que voulez-vous, quand on a goûté une fois de ce pain-là, on ne peut plus s'en passer. Mademoiselle Chaudmonté n'en ayant pas goûté, avait donc juré d'y renoncer si on lui enlevait encore une fois le pannetier.

Cependant ses bonnes amies la pressaient de questions sur la cause des refus de M. de Vaugelas, et ces questions devenaient d'autant plus ardentes que mademoiselle de Chaudmonté mettait plus d'obstination à ne pas y répondre. M. de Lannois avait-il quelque vice caché ou quelque humeur dans le sang, serait-il joueur ou podagre, était-il poltron ou était-il sujet à la pituite?

il n'y avait raisons que les jeunes filles n'imaginassent pour expliquer la conduite de M. de Vaugelas, et il ne faut pas s'étonner de quelques-unes de celles que nous venons de rapporter. A cette époque, l'homme physique était aussi scrupuleusement examiné par la famille que l'homme moral, et on parlait ouvertement de quantité de choses qui aujourd'hui feraient lever le cœur à nos belles dames. Quant à nous, si nous rapportons ces choses, et les plus honnêtes encore, c'est pour donner un peu de couleur locale à notre récit, et montrer que nous avons CONSCIENCIEUSEMENT étudié cette intéressante époque de nos annales.

Or, les questions se pressaient. On avait été jusqu'à supposer que M. de Lannois avait commis quelque crime insupportable, lorsque mademoiselle de Chaudmonté, indignée de voir ainsi calomnier son prétendu, répondit à ses deux bonnes amies :

— Ce n'est point tout cela, mes belles, ce n'est point tout cela. Mon oncle lui pardonnerait d'être huguenot, et de ne pas être gentilhomme, d'être podagre et de ne pas être brave ; mais ce qu'il ne peut lui pardonner, c'est d'être Gascon et de gasconner...

Les deux jeunes amies de mademoiselle de

Chaudmonté n'osèrent point rire d'abord, car elles crurent un moment que le désespoir avait dérangé la tête de la pauvre Antoinette; mais lorsque celle-ci leur eut répété, les larmes aux yeux, que cette haine de M. de Vaugelas contre les Gascons qui gasconnaient était aussi insurmontable que celle de madame de Rochecantin de Concarnau de Maillebois pour les vilains, et que celle de M. de Lampadère pour les huguenots, elles se prirent à pousser des éclats de gaîté si bruyans et si prolongés, que mademoiselle de Chaudmonté en fut tout abasourdie, et qu'elle ne put retenir ses sanglots qui éclatèrent avec une violence égale à la fureur des rires de ses deux amies.

Toutefois larmes et rires se calmèrent tout à coup, car un vieux valet râpé comme une souquenille de professeur, et crasseux comme un rudiment d'écolier, annonça M. de Lannois. Les jeunes filles reprirent une attitude de jeunes filles; il n'y eut plus ni larmes ni rires. Mademoiselle de Chaudmonté pensa que si M. de Lannois était perdu pour elle, elle ne devait pas décemment en montrer trop de désespoir; et les deux autres se dirent sur-le-champ que M. de Lannois n'était ni vilain ni huguenot, et qu'il n'était pas nécessaire qu'il les prît pour des évaporées, dans le cas où il serait forcé de renoncer à mademoiselle de Chaudmonté qui était si sage et si retenue. Chacune eut l'hypocrisie de sa position, et pourtant ces trois femmes aimaient d'amour et s'aimaient d'amitié. Mais qui peut sonder l'Océan et le cœur des femmes, qui peut jeter son regard hardi dans ces abymes où les démons et les anges ont mêlé ensemble la perle et l'algue marine, le dévouement et la perfidie? qui peut... Je vous demande bien pardon, j'ai cru que j'écrivais une de ces histoires fatales du dix-neuvième siècle, avec une héroïne fatale, un héros fatal et un style fatal. Ceci veut dire seulement que les femmes sont difficiles à connaître.

On avait donc annoncé M. de Lannois. M. de Lannois était un beau garçon de trente ans, l'œil ouvert et noir, les dents belles, le nez au vent, la jambe fine et nerveuse, la main blanche et déliée, il était mis avec une grâce parfaite, et ses rubans étaient tout-à-fait congruens à la couleur de son habit. — Une belle plume rouge feu ornait seule son chapeau, et soupirait amoureusement après son union avec une autre belle plume blanche aux genoux de laquelle M. de Lannois venait mettre son cœur et sa plume. — En outre de ce style, M. de Lannois avait une voix claire et perçante qui faisait résonner distinctement les syllabes de chaque mot qu'il prononçait.

Pendant une demi-heure que M. de Lannois demeura seul avec les trois jeunes filles, il fut véritablement un homme fort aimable; il venait de la place Royale, où M. de Voiture lui avait récité, ainsi qu'à quelques autres, une lettre qu'il devait écrire à M. de Racan; il avait ouï aussi une très belle tirade de Sarrasin contre l'abus qu'on fait du nom d'homme de lettres, nom qui menaçait de devenir bientôt aussi commun et aussi prostitué que celui d'illustre; enfin il avait été le second du marquis de Candaule, dans un coup d'épée qu'ils avaient donné à deux gentilshommes auvergnats qui avaient prétendu ne rien comprendre à *Celinte*, la dernière nouvelle de *Sapho*.

Mademoiselle de Chaudmonté écoutait M. de Lannois dans une douce admiration, se disant dans le fond de l'ame : C'est là pourtant un gentilhomme des mieux façonnés ! Que peut donc lui reprocher mon oncle ? Le hasard sembla vouloir lui porter la réponse à sa question, car à ce moment M. de Vaugelas parut. M. de Vaugelas était un vieillard de quatre-vingt-quatorze ans, ardent et maigre, un composé d'os et de parchemin après avoir été un fort beau garçon. Il était exactement noir de vêtemens et jaune de visage, mais d'un jaune foncé, ce qu'en teinturerie on appelle d'un jaune cuit. Ce jaune était si puissant qu'il sembla déteindre sur sa malheureuse nièce, et qu'à son aspect elle *s'ajaunit* encore.

A peine M. de Vaugelas parut-il, que M. de Lannois se leva en s'écriant gaîment :

— Hé! c'est ce vrabe mossieur de Baugelas.

Un sourire d'amère dérision passa sur la bouche du grammairien et un éclair de désespoir brilla dans les yeux de mademoiselle de Chaudmonté. Mais elle jeta un regard si désolé et si suppliant sur son oncle, que celui-ci se contint, et salua sans mot dire M. de Lannois qui lui tendait la main.

— Hé adieu! monsieur, reprit M. de Lannois, comment vous portez-vous ?

M. de Vaugelas se redressa à ce mot *adieu* si incongrûment placé, et lançant à sa nièce qui l'implorait silencieusement et les mains jointes, lui lançant, disons-nous, un coup d'œil inexorable, il prononça d'une voix solennelle le mot :

— Jamais !

Et s'éloigna précipitamment.

Mademoiselle de Chaudmonté cacha sa tête

dans ses mains, et M. de Lannois qui n'avait rien compris à cette pantomime ni à ce mot, courut après M. de Vaugelas, et l'arrêtant par la basque de son habit au moment où il traversait le salon, il lui dit :

— Prenez donc garde, mon ser mossieur, vous avez tombé la canne.

Tombé la canne!! répéta M. de Vaugelas en se débarrassant de M. de Lannois, *tombé la canne!!* s'écria-t-il en s'élançant vers l'escalier.

Mademoiselle Chaudmonté poussa un cri d'angoisse.

— Hé! qu'a-t-il? dit M. de Lannois; il est fou, il se cassera la tête! Gaspard, faites lumière à votre maître.

— *Faites lumière!* dit comme un furieux M. de Vaugelas en montant l'escalier. *Faites lumière!* répéta-t-il en poussant avec violence la porte de la chambre où il s'enferma. Puis il ouvrit la fenêtre qui donnait sur le jardin, et cria à sa nièce avec une colère pleine de sarcasme :

— L'avez-vous entendu? il a dit *faites lumière*.

Et il referma la fenêtre avec fracas.

Mais mademoiselle de Chaudmonté n'avait pas entendu, car elle était évanouie.

Chacun s'empressa autour de la pauvre jeune fille et M. de Lannois plus que personne. Enfin Gaspard ayant apporté une vieille semelle de vieux soulier, on la brûla sous le nez de mademoiselle de Chaudmonté, ce qui la fit revenir : car les vieilles semelles étaient les sels de l'époque. La belle Antoinette rouvrit donc les yeux, et se levant languissamment en s'appuyant sur le bras de ses deux belles amies, elle dit à M. de Lannois en s'éloignant :

— Oh! monsieur, vous nous avez perdus.

II.

Le lendemain de cette terrible soirée, comme sonnaient huit heures du matin, mademoiselle de Chaudmonté entra dans la chambre de son oncle : elle tenait dans l'une de ses mains, qu'elle présenta la première, une assiette sur laquelle une terrine, dans laquelle une soupe à la graisse d'oie fort juteuse et très bouillante ; l'autre main, qu'elle cachait derrière elle, serrait quelques papiers. Si innocente que fût mademoiselle de Chaudmonté, elle ne manquait pas de cette adresse éminente que possèdent presque toutes les femmes. Dans la misérable position où elle était, vis-à-vis d'un oncle comme M. de Vaugelas, cette entrée de la nièce la soupe en avant, était d'une tactique admirable. Et peut-être aurons-nous à reconnaître plus tard combien il fallait de ressources à cette jeune fille pour lutter contre la vie que lui faisait la science de son oncle.

Elle était donc entrée la soupe en avant, et M. de Vaugelas qui était assis devant ou derrière une table, je ne sais comment il faut dire et lui seul eût pu le décider, M. de Vaugelas releva brusquement la tête et poussa un commencement d'imprécation qui s'apaisa à l'aspect du nuage qu'exhalait la précieuse terrine et qui finit par un murmure de satisfaction. Il quitta la plume avec laquelle il écrivait et tendit les deux mains au potage. Mademoiselle de Chaudmonté le plaça devant lui non sans jeter un rapide coup d'œil sur les papiers de son oncle, et elle s'aperçut, à sa grande surprise, que bien loin d'être remplis de cette écriture menue et serrée qu'elle était chargée de recopier, ils étaient couverts d'une quantité de chiffres. Elle s'assit de l'autre côté de la table et attendit que son oncle lui adressât la parole. Mais il ne paraissait pas s'apercevoir qu'elle fût présente, car tandis que d'une main il tournait sa cuillère dans sa soupe pour la refroidir, de l'autre il suivait ses longues colonnes de chiffres et en repassait les calculs.

Ce fut une marche tout-à-fait arithmétique que celle de l'expression qui parut sur le visage de l'illustre grammairien. Il demeura à peu près impassible à la colonne des unités; à celle des dizaines il ferma doucement les yeux; un sourire de satisfaction dérida ou rida ses lèvres à celle des centaines; une douce joie se répandit sur son visage quand il arriva à la colonne des mille; et une joie superbe l'illumina aux dizaines de mille, enfin il s'écria dans un transport inexprimable :

— Quatre-vingt-sept mille cinq cent cinquante livres de bénéfice pour ma part!

A cette exclamation, mademoiselle de Chaudmonté se recula, et M. de Vaugelas la regardant d'un air triomphant, lui répéta cette magnifique somme et ajouta :

— Oui, tout cela pour moi, ou plutôt pour nous, ma pauvre Antoinette.

L'air de tristesse que prit le visage de mademoiselle de Chaudmonté fut une singulière réponse à l'heureuse nouvelle que lui apportait son oncle. Elle serra les papiers qu'elle tenait, et écouta la suite du discours de M. de Vaugelas.

— Ainsi donc plus de pauvreté, Antoinette;

plus de robe de ratine pour toi, plus de pourpoints de serge pour ton oncle, de bons habits de drap, de belles robes d'escot, et le pot au feu tous les jours.

Mademoiselle de Chaudmonté parut accablée de tant de bonheur. Car, il faut le dire, la pauvreté de son oncle était sa dernière espérance. Déjà M. de Lannois avait généreusement secouru M. de Vaugelas, et Antoinette comptait que l'assignation qui lui avait été remise le matin pour son oncle, et qu'elle cachait dans sa main, ferait recevoir avec bienveillance une lettre de M. de Lannois qu'elle tenait de même.

Mais cette fortune qui lui tombait si inopinément du ciel allait permettre à M. de Vaugelas de se tirer de ses mauvaises affaires; il pourrait payer ses dettes, et M. de Lannois ne serait plus le généreux ami dont on acceptait quelquefois l'argent, mais *l'exécrable Gascon* qu'il était impossible d'entendre sans en mourir.

Quoi qu'il en soit, mademoiselle de Chaudmonté avait vu trop souvent la fortune que son oncle faisait sur le papier lui échapper tout à coup, pour qu'elle se désespérât tout-à-fait. Elle commença donc l'attaque, bien qu'elle se trouvât placée sur un terrain beaucoup plus désavantageux que celui qu'elle espérait prendre;

elle tira lentement la lettre de M. de Lannois et la présenta à son oncle.

Tout autre, vous peut-être, qui me lisez, vous auriez commencé par l'assignation, et vous auriez ensuite offert la lettre. Antoinette connaissait le cœur humain de son oncle beaucoup plus qu'on ne peut l'imaginer, et elle commença par la lettre. M. de Vaugelas la prit, en lut la suscription, et rejetant la missive avec dédain, il dit aigrement :

— Est-ce que ce monsieur croit que je sais le gascon ?

Mademoiselle de Chaudmonté prit la lettre et la rendit à son oncle en lui disant froidement :

— De quelque manière qu'il vous écrive, mon oncle, il est nécessaire que vous lisiez sa lettre. Nous avons des obligations d'argent à M. de Lannois, peut-être réclame-t-il de vous ce qui lui est dû, et dans votre nouvelle position de fortune, c'est par lui que vous devez commencer à vous acquitter.

M. de Vaugelas prit la lettre mais sans l'ouvrir ; il regarda sa nièce et lui dit :

— Pourquoi dois-je donc commencer à m'acquitter par lui ?

— Parce qu'il pourrait venir lui même réclamer son argent et que je sais combien il vous est désagréable de le voir.

M. de Vaugelas fronça le sourcil et répondit :

— Amphibologie et impropriété de termes ; que m'est-il désagréable de voir ? M. de Lannois ou son argent ?

— M. de Lannois.

— Alors il fallait répéter le substantif. Quant au mot voir il est tout-à-fait impropre. Il ne m'est point désagréable de voir M. de Lannois, il m'est désagréable de l'entendre : mais il m'est encore plus désagréable de le lire et vous pouvez lui renvoyer sa lettre.

— Je le ferai, dit mademoiselle de Chaudmonté en la serrant dans sa poche d'où elle tira l'assignation.

D'ordinaire, ces sortes de missives trouvaient M. de Vaugelas fort doux et lui rendaient l'humeur aussi souple qu'un gant ; mais ce jour-là il n'en fut point ainsi. L'orgueil de l'homme qui peut payer se sentit blessé de l'exigence de son créancier, et après avoir dédaigneusement ouvert le papier, il le parcourut entièrement ; mais à chaque ligne c'étaient des soubresauts, des haut-le-corps, des exclamations furieuses.

— Les bourreaux ! les misérables ! s'écriait-il, les juifs ! les voleurs ! les Gascons !

— Vous présente-t-on un compte plus considérable qu'on ne le doit ?

— On ne me présente pas un compte plus considérable que je ne le dois, répliqua M. de Vaugelas en accentuant chaque syllabe de ce peu de mots, mais on me le présente dans un style indécent.

— Mais auquel vous devez être accoutumé, reprit sèchement mademoiselle de Chaudmonté que l'outrecuidance de son oncle poussait à bout.

— Plaît-il ? *accoutumé*, dites-vous ?

— Auquel vous devriez être habitué.

— *Habitué !* apprenez, mademoiselle l'impertinente, que je pourrais y être fait, mais que je n'y suis pas et n'y serai jamais ni accoutumé ni habitué. On est *fait* à une chose parce qu'on la souffre ; on est *accoutumé* ou *habitué* à une chose parce qu'on en fait usage ; et je ne sache pas que j'aie jamais eu coutume ou habitude de me servir de ce style.

Mademoiselle de Chaudmonté, qui s'attendait à se voir admonétée pour le manque de respect qu'elle avait eu envers son oncle, s'estima heureuse de ne voir attaquer que les termes et non le fond de sa pensée. Elle n'insista donc pas davantage, et demanda quelle réponse elle devait faire à l'huissier lorsqu'il se présenterait.

M. de Vaugelas ne répondit pas, et appela Gaspard, ce valet râpé et crasseux dont nous avons parlé. Puis il lui dit fort sérieusement :

— Gaspard, quand reviendra l'homme qui ce matin vous a remis ce papier, vous prendrez un bâton et vous le bâtonnerez.

— Qui ça, dit Gaspard, l'homme, le papier, ou le bâton ?

— Gaspard, reprit M. de Vaugelas, cette spirituelle repartie aura sa récompense. Voici le reste de ma soupe que je vous abandonne. Cependant n'oubliez pas de bâtonner l'homme.

— Mais, mon oncle, s'écria mademoiselle de Chaudmonté, vous allez vous faire une méchante affaire, bâtonner un huissier.

— Il y a asez long-temps que j'oublie que je suis gentilhomme, repartit M. de Vaugelas ; la misère dégrade l'ame, je veux que ma maison soit désormais tenue sur le meilleur pied. Gaspard, vous bâtonnerez l'huissier.

Gaspard salua et sortit. Mademoiselle de Chaudmonté commença à croire à la fortune de son oncle, et les larmes lui vinrent aux yeux.

— Maintenant, reprit M. de Vaugelas, faites balayer le salon, brosser les siéges, et épousseter les tentures, car dans une heure ou deux nous aurons une nombreuse compagnie.

Cet ordre fut exécuté pendant que M. de Vaugelas reprenait ses calculs. Mademoiselle de Chaudmonté était descendue dans le jardin, le désespoir dans l'ame; elle y rencontra ses deux bonnes amies qui l'attendaient dans une vive anxiété. Il s'agissait d'une grande nouvelle, M. de Lampadère et madame de Rochecantin de Concarnau de Maillebois allaient venir chez M. de Vaugelas, pour une affaire très importante. L'étonnement de cet événement une fois passé, on exposa à mademoiselle de Chaudmonté, la vénération que madame de Maillebois et M. de Lampadère avaient pour les immenses talens de M. de Vaugelas, et on lui fit entendre que s'il voulait dire quelques paroles en faveur du mariage des filles, les parens n'oseraient résister à une si puissante autorité.

Une cruauté dont on se rend presque toujours coupable, c'est de demander à quelqu'un, précisément le service dont il a besoin. Sans doute le malheur de mademoiselle de Maillebois, ni celui de mademoiselle de Lampadère, n'étaient désirés par leur amie mademoiselle de Chaudmonté; mais celle-ci trouva inhumain que ce fût elle que ces deux charmantes personnes fussent venues choisir pour les aider à être heureuses. C'est le cas de faire une remarque que j'appellerais profonde, si elle ne venait pas de moi. C'est que chez beaucoup de méchantes gens, il y a un premier mouvement de générosité, réprimé presque aussitôt par un calcul d'égoïsme, et que chez beaucoup de bonnes gens, il y a très souvent aussi un premier mouvement d'égoïsme, réprimé par quelque sage et généreuse pensée. Serait-ce que les méchans sont nés bons, et les bons nés méchans? Dieu le sait! mais je n'en sais rien, ni vous non plus.

Donc au premier sentiment de dépit que fit naître dans mademoiselle de Chaudmonté la proposition de ses deux amies, succéda presque aussitôt une généreuse résolution, celle de les servir de tout son pouvoir. Elle alla donc retrouver son oncle qu'elle rencontra rayonnant, et lui exposa la position de ses deux jeunes amies, et l'espérance qu'elles avaient placée en lui. M. de Vaugelas écouta sa nièce patiemment: l'idée de devenir protecteur est si séduisante, qu'il n'est pas imaginable combien elle fait écouter de sottises. Tel qui ne voudrait pas vous entendre si vous lui demandez de faire ce qu'il peut, se laissera persuader par vous, de vous obtenir ce qui lui est impossible. La protection est une impertinence qui ne coûte rien. M. de Vaugelas promit de protéger mademoiselle de

Maillebois et mademoiselle de Lampadère ; il daigna les en assurer lui-même en termes véritablement dignes de sa nouvelle position.

— Vos parens, leur dit-il, ne sont point raisonnables, et sont soumis à des préjugés que la saine philosophie des anciens nous apprend à mépriser. Il n'y avait pas de gentilshommes à Sparte, et Rome admettait tous les dieux dans son Panthéon.

Comme il achevait ces solennelles paroles, on annonça MM. de Chuyes, Carton, Béranger, de Lampadère, et madame de Maillebois, et madame de Lamproyon, que nous nommons seulement à cause de la vérité historique, et quoiqu'elle n'ait rien à faire dans notre histoire. Après les civilités d'usage, M. de Vaugelas introduisit toutes ces personnes dans son salon, et elles se rangèrent autour d'une longue table.

M. Carton, un gros homme réjoui, avocat au parlement, d'une mise fort simple, mais exquisement propre, se leva, et déployant un vaste parchemin, il s'exprima en ces termes :

— Voici, messieurs, les lettres-patentes, expédiées au nom de Sa Majesté, et par lesquelles il est permis au sieur Fabre seigneur de Vaugelas, baron de Péroges, assisté par MM. Carton, Béranger, et de Lampadère, madame de Rochecantin de Concarnau de Maillebois, et madame de Lamproyon, de tenir une *Blanque*, dont ils s'engagent à fournir les fonds, qui doivent se monter à deux millions quatre cent mille livres.

C'est une chose qu'il faut encore remarquer; comment il arrive presque toujours, que les affaires que traitent entre eux les gens qui n'ont pas le sou ne procèdent que par millions. Cela était du moins ainsi du temps de Vaugelas, et il me semble que notre temps ressemble fort au sien, du moins en ce point : mais continuons.

— Il est inutile, messieurs, reprit M. Carton, de vous exposer les réglemens de la société; ils ont été longuement discutés et approfondis; les calculs sont exacts et les bénéfices immanquables : il ne reste plus qu'à trouver les fonds.

— Les fonds sont tout trouvés, reprit M. de Vaugelas; M. de Chuyes au moyen de la moitié des bénéfices que je lui concède, se charge de les fournir; et il ne reste vraiment plus qu'une chose à ajouter au bas de cet acte, ce sont nos signatures.

A ce mot, M. de Chuyes se leva. Un homme qui doit fournir l'argent d'une entreprise et qui se lève devant les entrepreneurs, les frappe tous au cœur d'un coup terrible : l'assemblée pâlit.

M. de Chuyes s'en aperçut et sourit. M. de Chuyes était un Lyonnais qui avait trafiqué dans l'Italie et y avait gagné une assez grosse fortune personnelle et, en outre, la confiance d'une grande quantité de commerçans génois dont il pouvait, à son gré, diriger les fonds dans toute entreprise qu'il déclarait excellente. Il avait la réputation de s'y connaître. M. de Chuyes jouit un moment de l'embarras de ses co-associés, puis il leur dit avec cet art de l'homme qui connaît les hommes :

— Messieurs, et vous, mesdames, j'avais promis, il est vrai, de faire les fonds de la blanque que vous voulez tenir ; mais des raisons qui ne viennent pas de moi, des raisons qui m'ont été opposées par les commerçans dont je ne suis que le mandataire, m'en empêcheront malgré tous mes regrets.

— Est-ce possible !
— Quel malheur !
— Quelle indignité !
— C'est une ruine !
— C'est épouvantable !
— C'est pour en mourir !

Toutes ces exclamations partirent simultanément à la déclaration de M. de Chuyes, et les interpellations les plus vives furent adressées à cet homme de finance, espèce barbare, plus connue aujourd'hui sous le nom de capitalistes.

— Permettez-moi de vous donner mes raisons, et j'espère que vous en reconnaîtrez la justice, reprit M. de Chuyes.

— C'est inutile, s'écria-t-on unanimement moins M. de Vaugelas; car si M. de Chuyes était habile, M. de Vaugelas était fin, et il savait que tout homme qui veut discuter sur un parti pris en apparence aussi formellement, est tout prêt à en revenir pourvu qu'il gagne de meilleures conditions que celles qu'il avait. M. de Vaugelas répondit donc :

— Parlez, monsieur, et dites-nous ce que vous demandez.

M. de Chuyes comprit seul le sarcasme de cette phrase et y répondit par un nouveau sourire, puis il continua :

— Messieurs, est-il vrai que les choses aient une valeur réelle par elles-mêmes? et ne sont-ce pas souvent les mots qui les désignent et les apparences qu'elles montrent qui les font ce qu'elles sont? Quelques regards jetés en arrière sur le genre d'entreprise auquel nous voulons nous livrer, vous en sera une preuve. Ce fut M. de

Tonti qui introduisit en France cette espèce d'opération; ce fut d'abord une sorte d'association où chacun apportait son argent avec les chances de le voir doubler, tripler, décupler, centupler, si le sort le faisait survivre à ceux avec lesquels il était entré en mise. Cette opération s'appela Tontine du nom de son inventeur; elle obtint beaucoup de capitaux et ne réussit pas. Cependant M. de Tonti qui assurément était un véritable génie financier, changea le mode de son opération dont la longue durée avait épouvanté tout le monde. Il créa un fonds de douze cent mille livres, divisé en quinze cents lots gagnans, dont le plus fort était de trente mille livres et le plus faible de trois cents, et en cinquante-huit mille cinq cents lots perdans, en tout soixante mille lots, qui au prix d'un louis lui mirent dans les mains quatorze cent quarante mille livres, dont deux cent quarante mille livres de bénéfice. Vous vous rappelez le succès de cette affaire. Ce magnifique produit tenta beaucoup de personnes et des tontines s'élevèrent de toutes parts. Mais les unes furent dirigées par des hommes sans savoir, et les autres le furent par des fripons. Bientôt le nom de tontine devint le synonyme d'escroquerie.

Au mot synonyme M. de Vaugelas sourit, M. de Chuyes s'arrêta, mais M. de Vaugelas lui dit gracieusement :

— Continuez, monsieur, j'estime fort vos calculs.

M. de Chuyes continua :

— Les tontines étaient donc considérées comme un jeu de fripons, lorsque M. de Tonti, cet homme qui doit être notre oracle et notre admiration, en établit une sur les mêmes bases que les autres, et sans plus de garanties; mais par un de ces traits de génie dont seul il était susceptible, il effaça le nom de tontine, et le remplaça par celui de blanque; qu'il tira des billets blancs qui représentaient les lots gagnans. Qu'en arriva-t-il ? c'est que la blanque, tontine par le fond, mais décorée du nom de blanque, eut un succès prodigieux. Ceci est dans le souvenir de tout le monde. Ce qui est aussi dans votre souvenir, c'est qu'il arriva des blanques, ce qui est arrivé des tontines : l'inhabileté et la friponnerie voulurent les exploiter et elles les ont à jamais perdues dans l'esprit public. Aujourd'hui vouloir tenter une mise de fonds dans une opération nommée blanque, est donc une folie indigne de gens sages; et vous reconnaîtrez avec moi que je compromettrais gravement les intérêts de mes correspondans, si je les engageais dans une pareille affaire.

— Vous l'avez trouvée excellente, s'écria aigrement madame de Rochecantin de Concarnau de Maillebois, et c'est sur vos instigations que M. de Vaugelas, et moi nous avons sollicité ces lettres-patentes. Comment vous êtes-vous permis de nous faire user le crédit que nous avons à la cour, pour obtenir et demander une mauvaise affaire !

— Je n'ai point dit que ce fût une mauvaise affaire.

— Pourquoi donc vous en retirer ?

— Parce qu'elle porte un nom déshonoré, parce qu'elle s'appelle Blanque.

— Eh ! mon Dieu ! appelez-la autrement, s'écria madame de Lamproyon.

— A cette condition j'y rentre, répondit M. de Chuyes.

— A cette condition je m'en retire, dit fièrement M. de Vaugelas.

— Comment, vous vous en retirez ! s'écria-t-on de tous côtés, mais les lettres-patentes sont en votre nom : que vous importe un mot ?

— Comment, que m'importe un mot ? rugit M. de Vaugelas.

Les insensés, ils demandaient à M. de Vaugelas que lui importait un mot. Mais M. de Vaugelas vivait de mots; le mot, c'était le dieu de M. de Vaugelas : M. de Vaugelas estimait un mot plus qu'une pensée, plus qu'une œuvre complète, plus qu'un trésor, plus que l'honneur peut-être. L'école de la forme est bien petite dans son dévouement à son culte, en comparaison du dévouement de M. de Vaugelas au mot. L'école de la forme s'occupe assez peu du fond des choses; la vérité, la moralité des œuvres de l'esprit lui importent peu; la liberté ou l'esclavage de la pensée ne la touche point; la forme, monseigneur, la forme, c'est sa religion comme c'était celle de Brid'oison; la forme, c'est son dieu; seulement nous pensons qu'elle ne pousserait pas le fanatisme de son dieu si loin que l'illustre grammairien mort pour l'honneur du mot.

Aussi vous pouvez vous imaginer quelle terrible expression il dut donner à cette phrase:

— Que m'importe un mot!

Toute l'assemblée en frémit; Vaugelas continua; il était fier, et était beau, il y avait du génie dans son regard :

— Que m'importe un mot! et que vous importe un nom, madame de Rochecantin de Concarnau de Maillebois, que vous importe votre foi, M. de Lampadère, que vous importe votre honneur à tous? Vous avez reçu votre nom, votre foi, votre honneur en dépôt et en garde; moi, j'ai reçu la langue française en garde et en dépôt, et tant que je vivrai, il n'y sera rien innové de mon consentement. Vous me demandez que m'importe un mot, je vais vous le dire : M. Ménage était mon ami, M. Ménage est un homme plein de science; eh bien ! le jour où M. Ménage a inventé le mot *prosateur* pour l'opposer au mot *poète*, j'ai rompu avec M. Ménage. M. Ménage n'est plus pour moi qu'un renégat, qu'un soldat qui a déserté son poste. Je considère M. Ménage comme un Gascon.

Après cette foudroyante réponse, M. Carton se leva et reprit avec une grande douceur :

— Je ferai observer à M. de Vaugelas qu'il s'est irrité trop tôt, et que le mot par lequel nous voulons remplacer celui de Blanque qui est si décrié, est irréprochable sous tous les rapports.

— Je le connais votre mot, répliqua M. de Vaugelas; M. de Chuyes me l'a déjà proposé dans un entretien particulier, et après les offres qu'il m'a faites pour me forcer à l'accepter, et que j'avais repoussées, je ne m'attendais pas à voir reproduire aujourd'hui une pareille prétention.

— Mais ce mot, ajouta patiemment M. Carton, est tout-à-fait digne d'être adopté par l'illustre M. de Vaugelas, son origine est toute française, elle est pure et ne manque d'aucune des conditions d'une étymologie régulière. Quelle est notre entreprise ? c'est un jeu de lots, où il y aura des personnes bien loties et d'autres mal loties ; aucun nom ne saurait mieux convenir à ce jeu que celui de loterie : loterie vient de lot comme poterie de pot.

— Mensonge et sottise, s'écria M. de Vaugelas ; loterie ne vient pas de lot, il vient de Gênes ; il est né de *Lotteria*, mot italien et en usage depuis un demi-siècle pour signifier ce jeu. Vous êtes avocat, M. Carton, et vous profitez habilement de la ressemblance du mot loterie avec le mot lot pour dire qu'il en est issu. C'est le même stratagème dont vous vous êtes servi au parlement, quand lui présentant un prétendu fils du prince Henri de Rohan, vous vous êtes écrié qu'il était le portrait vivant de son père. Le parlement a reconnu la ressemblance, mais il a nié la filiation. Sans doute, sans doute, loterie ressemble à lot, mais loterie n'est pas plus un descendant légitime de lot que cet aventurier n'est le descendant légitime du grand Rohan. Loterie vient de Lotteria, si tant il est que ce mot loterie puisse exister. Loterie est un mot bâtard, Loterie est un intrus, Loterie est étranger, et jamais tant que je vivrai, ce mot ne sera écrit dans un acte auquel j'aurai participé.

— Mais, monsieur, il y va de votre fortune ! s'écria M. d Chuyes avec impatience.

— Oui certes, répliqua M. de Vaugelas, il y va de ma fortune, car je suis pauvre ; mais si je suis pauvre je vivrai pauvre, je mendierai : s'il le faut, je mendierai ; qu'importe que M. de Vaugelas mendie ! Mais que la langue française, cette magnifique princesse dont je suis le serviteur, aille mendier un mot à cet idiome pouilleux et inculte qu'on appelle italien, jamais ! jamais ! jamais ! jamais !

— Eh ! monsieur, reprit M. de Chuyes qui, tout financier qu'il était, se piquait de quelque savoir, savez-vous que cet idiome pouilleux a produit le Dante ?

— Je ne connais pas, dit M. de Vaugelas.

— Le Tasse ?

— Je ne connais pas.

— L'Arioste ?

— Je ne connais pas, répéta avec fureur

M. de Vaugelas, je ne les connais pas et ne veux pas les connaître; nous avons assez d'Italiens en France depuis les Médicis; tous nos galans sont Italiens depuis la bottine jusqu'au chapeau; avez-vous envie de mettre la langue française à l'italienne, comme une femme de mauvaise vie? je ne le permettrai pas!

— Mais il me semble, reprit M. de Chuyes, que puisque vous leur empruntez la chose, vous pouvez bien leur emprunter le reste.

Cette accablante raison parut ravir l'assemblée, mais la réponse de M. de Vaugelas était prête.

— Nous leur empruntons la chose, dites-vous, reprit M. de Vaugelas d'un air de mépris; c'est comme si vous disiez que nous leur empruntons les belles constructions romaines parce qu'elles se trouvent plus abondamment dans leur pays que dans le nôtre. La blanque est un jeu d'une origine un peu plus respectable et beaucoup plus ancienne que vous ne pensez; elle nous vient des Romains. Qu'étaient donc ces largesses par lesquelles *Agrippa*, *Néron*, *Titus*, *Sylla*, les empereurs, les consuls et les tribuns du peuple terminaient les spectacles, sinon des blanques que vous voulez appeler loteries? N'écrivaient-ils pas tantôt sur des bulletins, tantôt sur des boules, tantôt sur des carrés de bois, les lots qui devaient revenir à chacun? et ne jetaient-ils pas ces bulletins, ces boules, ces carrés de bois, du haut du théâtre sur le peuple assemblé devant eux? Et Suétone et Dion ne nous apprennent-ils pas qu'on délivrait à chacun la chose qui était écrite sur la boule ou le bulletin, ou le carré qu'il pouvait attraper? C'étaient des esclaves, des sommes d'or, des mets rares, des oiseaux exquis. Dans celle de Titus il s'y trouva des palais, des vaisseaux, des terres. Plus tard, l'empereur Héliogabale joua avec ce noble jeu et le corrompit en en faisant une tromperie, car il n'y avait qu'une très petite partie des lots qui fussent profitables, l'autre partie était composée de choses ridicules. Ainsi Lampridius nous apprend que le plus souvent sur les coquilles, car l'empereur Héliogabale se servit de coquilles, il y avait écrit: *dix mouches, cent coups de bâton, un cheveu, deux escargots, une livre de viande de vache, des chiens morts*, etc., et qu'il y en avait cent de cette espèce pour une sur laquelle était écrit mille pistoles, ou autres monnaies de l'époque. Ce n'est donc point de l'Italie ou plutôt des Italiens que nous empruntons la chose; c'est des Romains, et cette illustre origine m'a seule décidé à m'associer à une entreprise semblable. Mais n'est-ce point assez de nous venir des Romains de l'empire? je prouverai que ce jeu que vous voulez appeler loterie d'un nom tout-à-fait nouveau, remonte à la plus haute antiquité. Le partage de la Palestine entre les Israélites fut un blanque, ou, comme vous dites, une loterie. La division de la Laconie par Licurgue en trente-neuf mille parties en est encore une. Le rapt des Sabines fut une blanque. Romulus en fut l'inventeur et le maître; la Fortune de Rome y présida, les Romains y tirèrent, les Sabines en furent les lots: l'Amour et Vénus les délivrèrent. Je le répète, ce n'est donc point aux Italiens que nous empruntons la chose. Pourquoi donc leur emprunterions-nous le nom?

Ce discours prononcé avec une noble dignité, étonna l'assemblée, et émut la conscience des plus cupides; M. de Lampadère et M. de Maillebois en furent même si vivement touchés, qu'ils se rangèrent du coté de M. de Vaugelas et déclarèrent qu'ils ne pouvaient admettre véritablement le nom de loterie, que c'était une nouveauté insupportable, une chose qui n'avait point encore été pratiquée et que des gens d'honneur ne pouvaient se permettre.

Malgré cette désertion, M. de Chuyes, qui

au fond tenait à l'entreprise, ou plutôt qui tenait au fond de l'entreprise, crut devoir pousser cette dernière objection à M. de Vaugelas :

— Mais, monsieur, pourquoi si la chose est si ancienne, avoir choisi un nom si nouveau que celui de blanque pour la désigner, car il a à peine quinze ans d'existence? et pourquoi ne pas lui donner le nom latin au lieu du nom français?

— D'abord je vous répondrai, dit M. de Vaugelas, qu'existât-il un nom latin, ce qui n'est pas, le nom français a un avantage immense, c'est celui d'être en usage, à tort ou à raison; être en usage, monsieur, est le meilleur droit des mots, comme occuper le trône est le meilleur droit des rois. N'avons-nous pas vu MM. de Lorraine établir une généalogie qui les fait remonter à Charlemagne et leur donne au trône de France des droits plus sacrés que ceux des Capétiens? Cependant ces droits ont été repoussés parce qu'il y avait occupation du trône à tort ou à raison. Le mot blanque règne de fait, et malgré mon estime pour le latin, je ne me révolterai pas en sa faveur contre l'usage, pas plus que je ne me serais révolté pour les Carlovingiens contre les Capétiens. Le mot blanque est consacré, il existe, il est plus fort que moi et que vous; il vivra; il est impérissable.

Vaugelas le croyait, et que de choses n'a-t-on pas crues impérissables qui ont péri, que de choses encore de nos jours ne déclare-t-on pas immortelles et qui n'ont plus que quelques heures d'existence! Que de choses n'ont le droit d'être que parce qu'elles sont!

Cependant M. de Chuyes, ne voyant plus manière à vaincre l'obstination de M. de Vaugelas, se leva et fit la déclaration suivante :

— Considérant que le nom de blanque est tellement décrié qu'il doit nécessairement décrier toute entreprise à laquelle il sera attaché, je me retire de l'opération dirigée par M. de Vaugelas.

A cette déclaration, M. de Vaugelas répondit :

— Et moi, je déclare renoncer à toute entreprise, dût ma vie en dépendre, s'il faut lui donner un nom nouveau et inusité, et qui la déshonorerait aux yeux des honnêtes gens.

Sur ces paroles l'assemblée se sépara; MM. Carton, Boulanger et madame de Lamproyon suivirent M. de Chuyes. Madame de Maillebois et M. de Lampadère demeurèrent avec M. de Vaugelas sur un signe que leur fit celui-ci.

Si ceci n'était point un simple récit purement véridique et qui n'a d'autre but que de raconter un trait de la vie de M. de Vaugelas, on pourrait faire remarquer au lecteur que cette dispute n'était point si puérile qu'elle le paraissait. Les mots ont toujours beaucoup plus gouverné les hommes qu'on ne le pense. Les Romains qui souffraient le despotisme de Néron, se seraient révoltés contre Titus s'il se fût appelé roi. Il n'y a pas si long-temps que deux écoles rivales proscrivaient les œuvres sur les titres. Il reste encore des hommes qui ne considèrent jamais qu'une composition actuelle qui s'appelle tragédie puisse renfermer le moindre mérite; tandis que d'autres tiendront pour méprisable toute œuvre qui sera nommée drame. N'y a-t-il pas des messieurs qui croiraient déshonorer les verres de leurs lunettes s'ils lisaient un roman, et d'autres qui penseraient salir le verre de leur lorgnon s'ils étudiaient la grammaire. Est-il bien sûr, quand on a exilé la restauration, qu'on ait banni autre chose qu'un mot? La royauté de 1830 me paraît singulièrement ressembler à la loterie de M. de Chuyes, et la royauté de 1814 à la blanque de M. de Vaugelas; il n'y a que le nom de changé à la chose, au fond l'opération est absolument la même.

L'assemblée était donc dissoute. Quelque espoir revint à mademoiselle de Chaudmonté, en voyant sortir M. de Chuyes et ses partisans ; car ils s'en allaient en haussant les épaules et murmurant entre eux :

— Il est fou, il mérite de mourir sur la paille.

Elle eût bien désiré pénétrer dans le salon pour savoir où en était la fortune de son oncle, mais madame de Maillebois et M. de Lampadère y étaient encore, et sans doute on décidait à ce moment de la destinée des deux belles amies de mademoiselle de Chaudmonté. La tristesse qui s'empara de celle-ci à cette pensée lui fut un pressentiment que ses deux amies allaient être heureuses ; le cœur devient envieux à force de souffrir, aussi bien que l'esprit à force d'être humilié. Antoinette continua cependant à faire bonne contenance et à flatter les espérances de ses deux amies, qui marchaient à côté d'elle.

Pendant ce temps, M. de Lampadère et madame de Maillebois avaient une explication avec M. de Vaugelas.

— Sans doute, disait M. de Lampadère, vous n'avez pas résisté avec cette énergie à M. de Chuyes, sans être assuré d'avoir ailleurs les fonds nécessaires à l'exploitation de notre blanque.

— J'ai fait mon devoir, répondit M. de Vaugelas avec hauteur.

— Quoi! reprit avec une violence très acariâtre madame de Maillebois, ç'a été un pur caprice qui vous a fait tenir à ce misérable mot de blanque?

— Qu'appelez-vous caprice? répliqua Vaugelas; et que nommez-vous misérable mot? Blanque est le seul mot légitime, et je mourrai plutôt que de lui substituer le mot dégradant de loterie. Ce n'est point par pur caprice; c'est par devoir, vous dis-je, que je l'ai maintenu.

— Mais, monsieur, reprit M. de Lampadère, ignorez-vous que c'est sur cette opération que j'avais fondé l'espoir d'une dot pour ma fille?

— Et moi de même, ajouta madame de Maillebois.

C'est parce que je me suis fié à vos calculs, dit M. de Lampadère, que j'ai repoussé l'offre de M. de Moirot, un fort honnête gentilhomme, et fort riche.

— Et moi, reprit madame de Maillebois, celle de M. Beuvard, de moins bonne famille peut-être, mais beaucoup plus riche.

— Que ne les acceptez-vous? dit M. de Vaugelas.

— Hélas! reprirent ensemble le catholique

et la dame noble, il n'est peut-être plus temps !

— Aussi, dit M. de Vaugelas, par quels misérables motifs avez-vous refusé ces deux honorables partis ? Vous, madame, parce que M. Beuvard n'est pas gentilhomme ; vous, monsieur, parce que M. de Moirot est huguenot.

— Ah pardieu, monsieur de Vaugelas, la leçon est excellente. Mais nous-mêmes nous savons pourquoi vous avez repoussé M. de Lannois ; c'est parce qu'il gasconne.

— Et vous avez eu tort, reprit M. de Vaugelas, et j'ai eu raison. Or, est-ce que M. Beuvard a écrit sur son visage qu'il n'est pas gentilhomme ? ne peut-il acheter des lettres de noblesse et obtenir de porter votre nom ? et il sera M. de Maillebois ; vous l'entendrez nommer ainsi, et dans quelque temps vous le croirez Maillebois de souche ; et vous, monsieur de Lampadère, est-ce que M. de Moirot n'est pas un chrétien comme vous ? Vous ne le verrez pas à la messe, voilà tout ; vous vous imaginerez qu'il y assiste dans une autre paroisse, et tout sera dit. Mais M. de Lannois, quel moyen de vivre avec lui ? il me faudra l'entendre, l'entendre tous les jours ; l'entendre à toute heure me poignarder l'oreille, insulter ma langue et la déchirer. On peut s'abstenir de parler d'une chose ; vous pourrez ne point parler religion avec votre gendre, M. de Lampadère; mais on ne peut pas ne pas parler du tout, et dès que M. de Lannois parle, je souffre, je suis torturé, je suffoque, j'en mourrais. Quand ma sœur madame de Chaudmonté me confia sa fille, elle me demanda de veiller à son bonheur, et ce devoir je l'accomplirai avec le même zèle que celui que j'ai mis à la défense de la langue française.

— Ainsi, dit M. de Lampadère, il ne faut plus compter sur la loterie?

— Il ne faut plus compter sur les blanques! répondit M. de Vaugelas.

— C'en est donc fait de nos quatre-vingt mille livres de bénéfice? dit madame de Maillebois.

— C'en est fait, dit M. de Vaugelas.

— Adieu donc, dit M. de Lampadère, et que le ciel vous confonde!

— Pourvu qu'il ne me confonde pas avec vous, c'est tout ce que je lui demande, dit M. de Vaugelas d'un ton de superbe dédain.

— Adieu, dit madame de Maillebois, et que le bon Dieu vous *patafiole!*

— Patafiole! reprit M. de Vaugelas abasourdi du souhait et du mot; patafiole! répéta-t-il sans trouver rien à répondre, tant l'expression était exorbitante; patafiole! redit-il une troisième fois, de l'air d'un homme épouvanté. Puis il reprit mentalement :

Il y a ici quelque complot contre moi : ces gens qui viennent me proposer de nommer ma blanque loterie, cette femme qui invente pour m'injurier, un mot qui n'a aucun analogue dans une langue; on m'en veut, on en veut à ma réputation, à mon nom, à ma vie peut-être.

A ce moment, M. de Vaugelas se gratta le front en regardant autour de lui d'un air soupçonneux et attristé. Ce mot patafiole l'avait frappé, ce mot l'occupait et le tourmentait. Ce monstre n'avait pu être enfanté sans présager quelque malheur : il le considérait comme une de ces apparitions terribles où nos ancêtres voyaient les avant-coureurs de grandes calamités.

— Oui, reprit Vaugelas en se promenant seul dans son salon, il y a une femme à tête de chat qui vient de naître à Paris, et un veau à huit pattes, qui a été engendré à Montlhéry par une truie; d'un autre côté on a entendu sonner les cloches de Saint-Méry toutes seules : et voilà que cette femme dit un mot étrange et satanique, et qui ne peut venir à la bouche que par une inspiration de l'enfer; assurément nous sommes à la veille de quelque grande révolution, il faut mettre ordre à ses affaires et à sa conscience.

Et l'illustre grammairien, frappé de cette idée, demeura dans son salon, immobile dans un coin; il se sentit à la fois le cœur et l'esprit frappés d'une tristesse qu'il voulait vainement combattre. Il était debout, l'œil fixe, et murmurait sourdement : — Te patafiole... te patafiole.

Pendant ce temps, M. de Lampadère avait retrouvé sa fille au jardin, et dans la vivacité de son désappointement il lui avait dit, sans préambule :

— Venez, ma fille, il faut être à la maison pour recevoir honorablement M. de Moirot.

— Aussitôt était arrivée madame de Rochecantin de Concarnau de Maillebois, qui avait aigrement dit à mademoiselle de Maillebois :

— Il est encore d'assez bonne heure pour que vous écriviez à Beuvard de venir dîner avec nous; allons, dépêchons!

Mademoiselle de Chaudmonté avait entendu ces avertissemens, ses deux bonnes amies lui avaient jeté un regard de reconnaissance, et avaient suivi leurs parens avec un rayonnement de joie dans leur marche qui avait fait tressaillir mademoiselle de Chaudmonté. Elle les avait reconduites jusqu'à la porte du jardin, et les regardait s'éloigner. Chaque pas de l'une d'elles vers son logis, faisait monter une larme aux yeux de mademoiselle la belle Antoinette, et lorsqu'elle les eut perdues de vue, son visage était inondé de pleurs amers.

Comme elle pleurait ainsi, M. de Lannois parut dans la rue, et le cœur de mademoiselle de Chaudmonté se serra. Le cœur est souvent comme une éponge pleine, plus on la serre plus elle répand l'eau qu'elle contient. C'est ce qui arriva à mademoiselle de Chaudmonté, si bien que quand son amant arriva, elle suffoquait. Assurément si mademoiselle Chaudmonté n'avait pas été surprise dans un de ces momens où la nature commande, où l'on pleure quoiqu'on en ait, où les paroles et les confidences sortent à notre insu avec les larmes, jamais M. de Lannois n'aurait su ni pourquoi il était refusé, ni le désespoir que ce refus causait à mademoiselle de Chaudmonté. Cette charmante personne avait pour son oncle ce respect filial qui couvre d'un manteau de silence les ridicules de ceux qu'on chérit; elle avait été élevée aussi dans cette sévère retenue qui ordonne à la douleur d'amour d'être muette. Hypocrisie singulière imposée à l'ame! Le lendemain d'une noce, vous êtes une femme sans pudeur si vous ne pleurez avec désespoir, celui que vous auriez dû perdre la veille d'un air tranquille et résigné.

Mais ce n'était plus l'heure, ni du silence ni de la retenue, elle avoua tout. M. de Lannois sut à quel point il était aimé; il sut pourquoi il était refusé.

— Si ce n'est que cela, dit-il, je me corrigerai.

— C'est plus difficile que vous ne pensez, dit tristement mademoiselle de Chaudmonté.

— C'est plus facile que vous ne croyess, dit M. de Lannois en gasconnant horriblement.

— Hélas! fit la pauvre Antoinette en sanglotant, vous ne pouvez pas, vous voyez bien que vous ne pouvez pas.

— Soyez paisible, dit M. de Lannois, je m'en charge.

— Oh! mon Dieu! mon Dieu! s'écria-t-elle en entendant cette nouvelle assurance et le style dont elle était rédigée, pourquoi faut-il que vous soyez Gascon!

Et les pleurs redoublèrent.

En ce moment, ils entendirent M. de Vaugelas sortir du salon, et M. de Lannois s'échappa en disant à mademoiselle de Chaudmonté :

— Faites lire ma lettre à votre oncle et je réponds du reste.

Aussitôt il disparut, et mademoiselle de Chaudmonté vit son oncle s'avancer à travers les allées du jardin. Quelque chose de hagard et d'inquiet agitait sa physionomie ordinairement immobile, il remuait silencieusement les lèvres, et l'on eût pu deviner en l'observant avec soin, qu'il murmurait le mot patafiole et qu'il le conjuguait dans tous ses temps et tous ses modes.

Avant d'aller plus loin, il est bon de faire observer que ce n'était pas la première fois que se montraient dans M. de Vaugelas ces singulières préoccupations que les savans ont coutume d'appeler distractions, et qui tiennent de si près à la folie.

Tout esprit qui concentre une grande puissance de réflexion sur une seule matière y doit acquérir une grande sagacité : si l'esprit est puissant et la matière féconde en résultats, la marche sera toujours sûre et progressive; la science mathématique est une pâture suffisante aux organisations les plus avides, mais l'étude de la langue sans emploi à la pensée, a des bornes où un esprit de quelque étendue se heurte bientôt. Après être arrivé aux limites de cette science il est forcé de retourner sur ses pas; alors ce ne sont plus les choses graves, mais les puérilités de l'étude sur lesquelles il est obligé de s'exercer. Donnez au premier statuaire de France un seul bloc de marbre à travailler : il en fera d'abord une noble statue, mais si vous l'enfermez avec son œuvre sans autre matière à tailler et à animer ; emporté par son activité, le statuaire reviendra sur sa statue ; il en mignardisera d'abord les détails, les ongles, les yeux, la prunelle ; puis il creusera la chevelure cheveu à cheveu, puis il voudra représenter les protubérance de chaque muscle et de chaque veine, puis ce seront les moindres plis de la peau, il fera tout saillir jusqu'à ses rugosités ; et de son admirable création, il finira par faire un jouet de manœuvre. Enfin, quand il n'aura plus rien à ajouter au marbre par le ciseau, il voudra lui créer une vie, une intelligence ; il lui parlera, il lira des réponses dans ses yeux ; bientôt il croira les entendre, il les entendra ; il deviendra fou, sa statue lui fera peur.

Il en avait été un peu de même pour M. de Vaugelas : de la sincère étude de la langue il en était arrivé aux puérilités, puis à l'adoration, puis à la folie. Car ce que nous venons de raconter ici n'est point un fait de notre invention. M. de Vaugelas pauvre et persécuté par ses créanciers, rejeta l'espérance d'une fortune assurée, plutôt que d'admettre le mot loterie pour désigner l'entreprise qui lui avait été concédée par le roi. Aussi, ce fut un étrange effet sur ce cerveau tout occupé du culte du mot, que ce mot inconnu que lui jeta madame de Maillebois. Les solécismes affreux et l'accent de M. de Lannois exaspéraient M. de Vaugelas ; mais enfin ce gascon usait de termes connus, tandis que madame de Maillebois l'avait frappé d'une arme étrange, inouie, inattendue. Ce mot fut pour M. de Vaugelas, comme pour les Français le premier coup de canon ; l'armée prit la fuite, la raison de M. de Vaugelas fut mise en déroute.

Sa nièce ne l'avait jamais vu dans un état si extraordinaire. Elle ne savait pas ce qui venait de se passer ; et l'eût-elle su, elle n'en eût peut-être pas compris le résultat. Elle ignorait, et peut-être beaucoup de médecins ignorent-ils trop encore, que l'épuisement des forces morales occasionne les sacrifices faits à une idée dominante. Nous avons vu beaucoup de serviteurs de Napoléon devenir fous du combat intérieur que leur coûtait leur fidélité à ce grand homme, tandis qu'on ne peut pas citer un traître qui ait perdu la raison pour cause de son infamie.

M. de Vaugelas venait de faire un grand effort pour la langue, il avait refusé la fortune pour ne point trahir sa divinité : c'était déjà beaucoup ; mais ne voilà-t-il pas que, pour récompense de ce dévouement, on lui jette à la face, non seulement une injure personnelle, mais encore une injure sacrilége, un mot barbare! Oh! c'était affreux, c'était épouvantable, le cœur de M. Vaugelas en avait été déchiré. Ses sacrifices ne servaient donc de rien, on crachait sur son dieu, malgré le respect qu'il avait pour lui; et ce dieu le permettait, ce dieu n'avait pas frappé de mutisme la langue qui avait proféré cet horrible mot *patafioler*. C'était ingratitude. M. de Vaugelas méditait une trahison; il était prêt à abandonner la langue à elle-même.

Assurément, si les réflexions que faisait M. de Vaugelas à ce sujet eussent long-temps continué, la folie la plus complète se serait bientôt déclarée; mais heureusement une distraction à laquelle il ne s'attendait pas vint l'arracher à son désespoir, car M. de Vaugelas était désespéré : il pleurait. — Après tout ce que j'ai fait pour elle, murmurait-il, on me souhaite d'être patafiolé! Et ce mot patafiolé lui causait des tressaillemens nerveux.

Il en était là, et sa nièce le suivait avec inquiétude à travers le jardin qu'il parcourait au hasard, lorsqu'une discussion violente s'élève à la porte. Bientôt des cris succèdent aux paroles, et bientôt encore des menaces aux cris et des vociférations aux menaces. Mademoiselle de Chaudmonté s'élance de ce côté, et M. de Vaugelas la suit, et ils arrivent au moment où Gaspard venait de rompre le manche de son balai sur les épaules de l'huissier.

— C'est pour t'apprendre à écrire en bon français, disait Gaspard à chaque coup de bâton.

L'huissier avait beau crier à Gaspard qu'il serait pendu pour avoir bâtonné un officier public dans l'exercice de ses fonctions, Gaspard n'en continuait pas moins à bâtonner l'officier public, car le digne serviteur avait un refuge qu'il ménageait habilement, jusqu'à ce que ses forces fussent à bout. Aussi, dès que le bâton fut usé, il ajouta paisiblement :

— Monsieur, je n'ai fait qu'obéir aux ordres de mon maître.

M. de Vaugelas arrivait à ce moment.

— Quoi! s'écria l'huissier, c'est vous qui avez ordonné à ce drôle de me traiter avec cette indignité?

M. de Vaugelas était incapable d'un mensonge; il répondit affirmativement.

— Eh bien! s'écria l'huissier en fureur, eh bien! c'est vous qui serez pendu, lorsque vous m'aurez soldé les huit mille neuf cents livres de ce mémoire, plus onze cents livres six sous deux deniers de frais.

La menace d'être pendu n'étonna point M. de

Vaugelas, mais le montant du mémoire l'épouvanta. Il se rappela l'assignation du matin, et le souvenir ne s'arrêtant plus aux mots, il alla jusqu'au fond des choses. Ce fond des choses était une saisie annoncée pour le lendemain. Le mépris pour le style ne fut plus assez fort pour faire dédaigner le danger du fond, et M. de Vaugelas, remis soudainement en présence des nécessités de la vie, devint faible, petit, et regarda sa nièce d'un air piteux.

Nous l'avons dit, mademoiselle de Chaudmonté en était à sa dernière espérance. M. de Lannois perdu pour elle, c'était tout avenir perdu. Aussi était-elle résolue à marchander son secours à son oncle, et à traiter avec lui sur le pied de donnant donnant. Elle vit bien le regard piteux de M. de Vaugelas, mais elle n'eut pas l'air de le comprendre, et continua sa promenade. Toute la superbe du grammairien était tombée, et il suivit sa nièce d'un air triste, cherchant comment aborder la conversation. Enfin l'horloge de la place Royale, qui sonna midi, lui fournit un prétexte : il s'approcha de sa nièce, et lui dit doucement :

— N'est-ce pas l'heure de dîner qui sonne ?

— Oui vraiment, fit Antoinette en poussant un profond soupir.

— Eh bien ! ne dînons-nous pas ?

— Avec quoi voulez-vous que nous dînions, mon oncle ? il n'y a au logis ni argent ni provisions.

— C'est vrai, c'est vrai, dit humblement M. de Vaugelas ; ni argent ni provisions ; c'est juste et c'est bien dit. Puis il ajouta : Nous ne dînerons pas, ma pauvre Antoinette ; je n'ai pas faim, j'ai mangé une bonne soupe ; mais toi !

— Oh ! moi, reprit mademoiselle de Chaudmonté, je puis bien souffrir ce que vous souffrez. Cependant, j'avouerai que j'espérais quelque chose de votre entrevue avec ces messieurs qui sortent d'ici.

— Ne m'en parle pas, mon enfant ; ils m'ont offert la fortune au prix de l'honneur ; je n'ai pas voulu.

— Oh ! mon oncle, s'écria mademoiselle de Chaudmonté attendrie, au prix de votre honneur ! vous avez bien fait de refuser ; j'aimerais mieux mendier.

— C'est ce que je leur ai dit, mon enfant ; j'aime mieux mendier... Et peut-être y serons-nous bientôt réduits... car cet huissier va revenir...

— Oui vraiment, dit mademoiselle de Chaudmonté, voilà son assignation.

Et elle tira de sa poche un papier, mais ce n'était pas l'assignation, c'était la lettre de M. de Lannois.

— Oh! pardon, fit-elle, ce n'est pas cela.

M. de Vaugelas regarda la lettre du coin de l'œil et reprit doucement :

— Tu ne l'as pas encore renvoyée?

— Pas encore, mais je vais dire à Gaspard...

— Attends un moment, fit M. de Vaugelas en interrompant, ce qui n'était guère dans ses habitudes; M. de Lannois est un galant homme et il ne faut pas lui donner sans préparation une si cruelle atteinte; il sera désolé.

— Ce n'est pas à moi à le supposer, reprit mademoiselle de Chaudmonté d'un ton précieux.

— Et toi-même, répondit M. de Vaugelas, tu en souffriras.

— Ce n'est pas à moi à le dire, répliqua la nièce.

— C'est fort bien répondu, Antoinette, dit M. de Vaugelas, fort bien répondu; ces deux phrases sont d'un tour heureusement répété; tu es une bonne fille. Sais-tu ce que dit cette lettre de M. de Lannois?

— Elle est à votre adresse, mon oncle, répondit la jeune fille en la lui présentant.

M. de Vaugelas la prit et en lut la suscription, la considéra avec complaisance et frappant la lettre du doigt :

— Il y a là pourtant, dit-il avec un sourire triste, il y a là : à Monsieur de Vaugelas ; pourquoi donc m'appelle-t-il Mossieur dé Baugelas quand il me parle ? Voyons, voyons.

Et il rompit le cachet, et lut ce qui suit :

« Monsieur,

« Je ne puis deviner la raison de ce qui s'est passé hier.

M. de Vaugelas haussa les épaules et continua:

« Permettez-moi donc de vous en demander
« l'explication.

— L'explication, dit M. de Vaugelas, il n'a qu'à s'écouter parler, il l'entendra.

Après cette observation il poursuivit sa lecture.

« Il serait indigne de moi de vous rappeler
« les faibles services d'argent que j'ai eu le bon-
« heur de vous rendre.

La lettre faillit tomber des mains de M. de Vaugelas ; mais l'air dont sa nièce le regarda le força à continuer, cependant il murmura :

— Des services d'argent, je ne sais pas s'il a sur sa table des services d'argent, mais il ne m'en a jamais rendu, car je ne lui en ai jamais prêté... Allons :

« Mais vous me permettrez de vous rappeler « mon amour respectueux pour mademoiselle « votre nièce, et la demande que je vous ai « faite de sa main.

— Ah ! diable ! dit M. de Vaugelas en ricanant, sa demande a été faite de ta main. C'est, parbleu ! une nouvelle façon de rechercher une jeune personne que de la charger de la demande de sa main. Vous ne m'en avez jamais parlé, Antoinette.

Le démon de M. de Vaugelas le reprenait, mademoiselle de Chaudmonté s'en aperçut; elle tira l'assignation et la tendant à son oncle, elle lui dit sèchement :

— En vérité, cette lettre ne vaut pas la peine d'être lue; occupez-vous plutôt de l'affaire de cet huissier.

M. de Vaugelas se mordit les lèvres, et poursuivit la lecture de sa lettre. Mademoiselle de Chaudmonté tenait l'assignation à la main et l'offrait aux yeux de son oncle toutes les fois qu'il essayait de détourner les yeux de la missive de M. de Lannois. C'était comme le pistolet dont on menace un guide qu'on soupçonne et qui le maintient dans la bonne voie dès qu'il tente de s'en écarter. M. de Vaugelas continua donc :

« Je viens vous la renouveler. Je ne vous par-
« lerai pas de ce que j'espère faire pour vous,
« mais des avantages que je compte lui assurer.
« Non seulement j'acquitterai toutes vos detes,
« quelles qu'elles soient.

M. de Vaugelas s'arrêta en grommelant :
— Dettes avec un t.
— Mon oncle, cette assignation...

Je voulais dire que ce n'est pas précisément le style qui manque à cette lettre.

— Ni les nobles sentimens, dit mademoiselle de Chaudmonté.

— Sans doute, sans doute, il y a de bonnes phrases, dit M. de Vaugelas, et il reprit :

« Mais encore je vous assurerai dans l'avenir
« une exi tence heureuse, honorable et digne
« de votre célébrité.

— Ce n'est pas mal, fit de M. de Vaugelas, la phrase est sonore : « Une existence heureuse, honorable et digne de votre célébrité.

— C'est même très bien, repartit mademoiselle de Chaudmonté, avec un doux accent de joie pour les bons sentimens de M. de Lannois.

« Mais je ne puis attendre plus long-temps,
« et il me faut une réponse.

— Eh bien ! dit M. de Vaugelas, nous verrons : qu'il vienne.

Ce n'était point là le compte de mademoiselle de Chaudmonté ; elle redoutait trop la présence et l'accent de M. de Lannois sur l'irritabilité des nerfs de M. de Vaugelas pour ne pas exiger sur-le-champ un engagement formel de la part de son oncle.

— Ce n'est point une espérance qu'il demande, dit mademoiselle de Chaudmonté, c'est une réponse.

— Eh bien ! qu'il vienne je la lui ferai.

— Ne vaudrait-il pas mieux lui écrire ?

— Lui écrire, moi ! reprit M. de Vaugelas. Moi, M. de Vaugelas ! écrire à M. de Lannois ! je lui parlerai, c'est tout ce que je peux faire pour lui.

Et ceci fut prononcé d'un ton si sec, que mademoiselle de Chaudmonté sentit toute espérance s'évanouir. Mais sa douleur fut sur le point d'éclater, lorsqu'elle vit M. de Lannois s'avancer du fond du jardin : elle crut entendre résonner à son oreille le terrible accent de M. de Lannois, et voir le jaune du visage de son oncle se rembrunir encore.

Cependant M. de Vaugelas s'était avancé vers M. de Lannois, et l'avait salué amicalement, en lui présentant le bonjour.

Mais M. de Lannois n'avait répondu à cet accueil bienveillant, que par une salutation silencieuse.

— J'ai reçu votre lettre, dit M. de Vaugelas.

M. de Lannois fit un geste qui voulait dire : Je le vois bien, car vous la tenez.

— Les sentimens en sont honorables, reprit M. de Vaugelas.

M. de Lannois salua : mademoiselle de Chaudmonté sourit, elle avait compris son amant; elle avança rapidement vers lui, tandis que M. de Vaugelas le considérait d'un air étonné.

— Les rétractez-vous ? dit-il sévèrement à M. de Lannois.

Un geste éloquent de M. de Lannois, répondit : Non, non !

— Ah mon oncle, s'écria mademoiselle de Chaudmonté, c'est un affreux malheur, un horrible événement ! l'infortuné ! ô mon oncle ! ne le voyez-vous pas, M. de Lannois est devenu muet !

M. de Lannois baissa la tête d'un air profondément affligé, et mademoiselle de Chaudmonté s'écria avec un accent de reproche et de douleur à la fois :

C'est la manière indigne dont vous l'avez traité qui lui a causé cet épouvantable accident.

Puis se laissant aller à l'entraînement de sa

douleur, elle courut à M. de Lannois et lui dit :

— Mais je me dévouerai à votre guérison, je veillerai sur vous, mon amour vous rendra ce malheur moins insupportable ; oui, mon cher Lannois, je suis à vous pour la vie. Je serai votre femme, votre amie, votre consolation, votre servante.

Et au milieu des embrassemens qu'elle lui prodiguait, elle lui disait tout bas :

— Vous êtes adorable. Je vous aime... Lannois, je vous aime.

Les femmes savent bien qu'on ne croit qu'à l'amour qu'elles disent en cachette des pères et des oncles, les grandes démonstrations de mademoiselle de Chaudmonté n'étaient que pour M. de Vaugelas, les petits mots à l'échappée étaient pour son amant, il fallait ce peu de vérité pour faire pardonner la comédie.

M. de Vaugelas craignit que sa nièce ne devînt folle comme M. de Lannois était devenu muet, et il dit avec un accent qui avait quelque chose de plus paternel que ne le supposait sa qualité d'oncle :

— Allons, Antoinette, consolez-vous, je n'ai aucune raison de repousser les propositions de M. de Lannois ; nous en causerons.

A ce mot : nous en causerons, M. de Lannois fut sur le point de rire au nez de M. de Vaugelas, mais mademoiselle de Chaudmonté réprima cette gaîté par un de ces regards qui rendent les hommes esclaves. C'était une prière de prendre pitié du bonheur qu'il venait de lui donner ; puis elle ajouta :

— M. de Lannois nous fera l'amitié de dîner avec nous.

M. de Vaugelas fronça le sourcil, mais la belle de Chaudmonté se pencha à son oreille, et lui dit :

— J'ai la croix de ma mère.

Et elle s'échappa à travers le jardin, légère, svelte, gracieuse, elle avait perdu dix ans : le bonheur rend si jeune.

Oh que M. de Vaugelas était bien grammairien ! Il ne comprit à cela que deux choses : la première, que M. de Lannois était devenu muet ; la seconde, que lui, M. de Vaugelas, dînerait.

Il ne vit point qu'aucune femme n'accepte si aisément un malheur arrivé à son amant, et surtout un malheur qui touche au ridicule. Un mari sourd ou aveugle cela peut encore se prendre, mais un mari muet, où est la compensation, il voit clair, il entend tout et ne commet ni imprudences ni indiscrétions. Un autre que M. de Vaugelas ne s'y serait pas trompé.

Ce qu'il ne vit point non plus, c'est que mademoiselle de Chaudmonté avait trouvé moyen de faire un dîner pour son amant, après qu'elle avait dit qu'il n'y avait point de quoi dîner. Le sacrifice qu'elle faisait de cette croix maternelle ne semblait pas extraordinaire à M. de Vaugelas, et il ne s'étonnait que d'une chose, c'est qu'elle y eût pensé si tard, car une heure venait de sonner.

Et mademoiselle de Chaudmonté, comme elle était rayonnante et légère, comme elle rendait tout propre dans la salle à manger, comme elle faisait reluire la poterie et inspectait le linge blanc, comme elle allait et venait! c'est que son cœur était tout plein de joie, non pas de la joie d'épouser son amant, mais de la joie d'avoir inspiré une si ingénieuse ruse à M. de Lannois. C'est qu'il faut être beaucoup aimée pour qu'un homme s'avise de ces choses-là pour vous obéir. Oh! qu'une femme qui inspire de l'esprit à un niais ou du courage à un poltron, est bien plus heureuse de ce succès que de leur amour même! C'est que l'amour n'est que pour elle, et que ce triomphe est pour tout le monde, il flatte le cœur et la vanité; il enivre deux fois; mademoiselle de Chaudmonté éprouvait ces deux ivresses.

Toutefois de temps à autre elle jetait un coup d'œil à travers les vitres du salon pour voir ce que faisaient M. de Vaugelas et M. de Lannois; et elle admirait avec quelle parfaite persévérance celui-ci continuait son rôle de muet.

Enfin le dîner arriva. Charmant festin où M. de Vaugelas fut aimable et affectueux, où M. de Lannois et mademoiselle de Chaudmonté se dirent les choses les plus tendres du regard, position délicieuse où toutes les tendresses semblaient avouées, et où cependant elles avaient un sens caché qui n'appartenait qu'aux deux amans. Ce dîner leur parut bien court, et il le fut en effet, car quelque excessif qu'eût été ce moment de bonheur il ne devait pas être une compensation suffisante aux ennuis qui l'avaient précédé ni aux inquiétudes et aux chagrins qui le suivirent.

Les inquiétudes commencèrent bientôt. A peine le repas était-il achevé, que l'huissier bâtonné reparut accompagné de quelques exempts; M. de Vaugelas pensa qu'il allait être arrêté pour les faits et gestes exercés par son ordre contre ledit huissier ; mais M. de Vaugelas ne se connaissait pas plus en huissiers qu'en amour. Celui-ci (l'huissier) avait calculé qu'une action criminelle contre un homme comme M. de Vaugelas pourrait bien n'avoir d'autre succès que de dévorer en frais le peu qu'il possédait. Il avait donc couru chez le créancier de M. de Vaugelas, et lui avait annoncé qu'il allait poursuivre le grammairien pour son propre compte. Celui-ci avait prévu le même résultat que celui que l'huissier avait calculé, et il y avait ce compromis entre eux : M. de Vaugelas serait poursuivi avec la plus extrême rigueur, et le salaire de l'huissier serait doublé; de cette manière le débiteur et le créancier payaient chacun une part des frais des coups de bâton reçus. Rien n'était plus juste.

C'était donc tout simplement à l'enlèvement des meubles que venait procéder l'huissier accompagné de ses recors.

La position des personnages principaux de cette histoire devint fort embarrassante, quand cet homme parut au milieu d'eux. M. de Vaugelas comptait bien sur la bourse de son futur neveu, mais il était humilié d'y avoir recours sitôt et en un si pressant besoin. Mademoiselle de Chaudmonté n'osait lever les yeux sur M. de Lannois, la joie qu'elle avait montrée la rendant honteuse. Quant à M. de Lannois, il n'était pas encore assez habile en pantomime pour faire comprendre à l'huissier qu'il se chargeait de payer la dette de M. de Vaugelas. Mademoiselle de Chaudmonté elle-même ne se souciait pas trop qu'il prit cet engagement sans conditions, elle connaissait trop bien l'illustre grammairien pour se livrer ainsi à lui.

Vainement M. de Lannois tâchait d'entraîner l'huissier dans un coin, pour lui dire quelques mots, loin de la vue de M. de Vaugelas, celui-ci le repoussait brutalement et procédait au récolement des meubles. M. de Vaugelas était accablé. Il comprenait parfaitement la pantomime de M. de Lannois, mais il n'était pas de sa dignité de l'expliquer à l'huissier ; il ne pouvait décemment lui dire :

— Vous voyez bien que monsieur veut payer pour moi.

Mademoiselle de Chaudmonté pouvait encore moins donner cette explication, et les choses allaient s'embrouillant de plus en plus, lorsque M. de Lannois, qui devait avoir toutes les ingéniosités possibles, s'empara de la plume et de l'écritoire de l'huissier, et lui écrivit ses intentions. L'inspection du mobilier de M. de Vaugelas avait un peu ralenti l'ardeur de l'huissier, à vue d'œil il avait estimé que tout l'avoir du grammairien suffirait à peine au paiement de la moitié de la créance ; aussi ne fit-il difficulté d'accepter une caution comme celle de M. de Lannois, mais mademoiselle de Chaudmonté vint apporter un nouvel obstacle à la conclusion de l'affaire : elle prit l'engagement signé par M. de Lannois, et le montrant à son oncle, elle lui dit qu'il n'était pas de sa dignité d'accepter. M. de Vaugelas et M. de Lannois demeurèrent ébahis ; M. de Lannois fut sur le point de se récrier : mais combien ne fut-il pas ravi, lorsqu'il entendit mademoiselle de Chaudmonté dire à M. de Vaugelas :

— On accepte de pareils services d'un parent, mais point d'un étranger.

— Comment d'un parent ? fit M. de Vaugelas.

— Oui, mon oncle ; d'un neveu, je suppose.

— Mais, M. de Lannois n'est pas mon neveu.

L'inintelligence du grammairien fit rougir mademoiselle de Chaudmonté. Jamais on n'avait réduit une femme à se jeter plus complètement à la tête d'un homme ; elle balança un moment, puis, se rappelant ses vingt-cinq ans, se rappelant qu'elle jouait sa dernière chance de bonheur, elle dit à M. de Vaugelas :

— Mais, mon oncle, il peut devenir votre neveu.

— Comment ? reprit M. de Vaugelas.

Oh! le bourreau! ô malheureuse de Chaudmonté! Elle se prit à pleurer. C'était un pressentiment de son malheur. Elle regardait son oncle d'un air qui eût donné de l'intelligence à tout autre qu'à un grammairien; mais que pouvait comprendre cet homme, qui avait donné sa vie à l'étude du mot, que pouvait-il comprendre à un sentiment qui n'avait d'autre expression que le regard. Enfin, mademoiselle de Chaudmonté prit un grand parti. Elle se livra à la générosité de son amant, elle lui montra combien elle l'aimait, elle sacrifia sa délicatesse et sa pudeur à l'espérance d'un bonheur qu'elle lui croyait aussi cher qu'à elle-même, et elle prit M. de Lannois à part:

— Écrivez sur cet engagement, lui dit-elle, que vous acquitterez cette dette le lendemain de notre mariage.

Et après ces paroles, elle s'éloigna confuse et triste comme si elle s'était donnée, plus confuse, plus triste encore, car elle avait montré à cet homme qu'elle ne pensait qu'à lui appartenir ou qu'à le posséder. Pauvre cœur de jeune fille! comme il était intelligent de l'égoïsme masculin et de la vanité masculine! Antoinette avait eu raison d'être triste et confuse; la première réflexion de M. de Lannois fut:

— Il paraît qu'on tient étrangement à ma personne.

Et cette réflexion faite, tout le cœur de M. de Lannois fut changé. Ce n'était plus lui qui courait après mademoiselle de Chaudmonté, c'était mademoiselle de Chaudmonté qui courait après lui, et il y eut un grain d'impertinence dans la manière dont il rectifia l'engagement qu'il prenait vis-à-vis de l'huissier. Alors, il montra cet engagement à M. de Vaugelas, qui comprit enfin comment M. de Lannois pourrait devenir son neveu.

Le fâcheux grammairien parut fort satisfait de cette condition de paiement; il y vit une preuve de la passion exigeante de M. de Lannois. Il ne soupçonna pas un moment que si lui-même, M. de Vaugelas, eût dicté cette condition à M. de Lannois, ce n'était plus qu'une précaution de dignité dont celui-ci lui eût su bon gré, mais que, venue de mademoiselle de Chaudmonté, elle témoignait une soif d'hymen qui fit réfléchir le futur.

Il ne restait plus que le jour à fixer, et M. de Lannois ne précisait pas la date; mademoiselle de Chaudmonté ne pouvait en dicter une, elle avait déjà compris les réflexions de M. de Vaugelas, il était un de ces gens pour qui un changement dans la vie était une terreur, et il répondait :

— Nous verrons dans quelques mois.

Quelques mois ! s'écria en son cœur mademoiselle de Chaudmonté, quelques mois pendant lesquels il faudra que M. de Lannois s'impose un absolu silence! Ah ! je suis perdue.

Quelques mois ! pensa M. de Lannois, pendant lesquels il faudra flatter la manie de ce vieillard insupportable ; je préfère renoncer à mademoiselle de Chaudmonté.

Heureusement que l'huissier était pressé, il n'accorda qu'une semaine. Ce terme fit respirer mademoiselle de Chaudmonté. Une semaine ! se dit-elle, M. de Lannois se taira pendant une semaine, je l'espère.

M. de Lannois accepta, mais sans joie, sans transports ; il n'eut que cette politesse d'un homme sûr de posséder ce qu'il désire, et qui déjà tranquille sur son avenir, ne s'en donne plus le souci.

Après que tout fut convenu, M. de Vaugelas se retira dans sa chambre, et mademoiselle de Chaudmonté demeura seule avec M. de Lannois. Mais combien il fut différent de ce qu'il avait été jusqu'à ce moment ! Il parla, mais ce ne fut plus en suppliant ; il y avait quelque chose de protecteur dans son amour ; il prit des libertés qui firent rougir mademoiselle de Chaudmonté, il lui baisa les mains et voulut l'embrasser. Elle le repoussa tristement, mais au lieu de se montrer désolé de sa rigueur, il en parut piqué ; cet homme avait déjà compris ses avantages, et mademoiselle de Chaudmonté fut obligée d'accorder la faveur qu'elle avait d'abord refusée. Quand une femme a commis la faute de livrer un peu de sa pudeur à un amant, il faut que cette pudeur y passe tout entière ; car dès ce moment elle ne fonde plus son pouvoir sur ce qu'elle refuse, mais sur ce qu'elle donne, et c'en est fait d'elle. C'est ce qui a fait dire à madame de Stahal qui s'y connaissait : Une femme entamée est une femme mangée.

Heureusement encore pour mademoiselle de Chaudmonté qu'elle n'avait qu'une semaine à subir les exigences de M. de Lannois, et qu'elle espérait le maintenir en appétit en lui ménageant discrètement les morceaux, et assurément elle eût réussi si elle avait été seule vis-à-vis de M. de Lannois ; mais mademoiselle de Chaudmonté avait deux bonnes amies, et les bonnes amies sont un fléau pour une fille à marier, surtout quand elles n'ont que dix-huit ans et que la fille à marier en a vingt-cinq.

Le lendemain de ce jour elles accoururent chez mademoiselle de Chaudmonté, où se trouvait M. de Lannois, et firent d'abord à leur amie des complimens de condoléance sur le malheur arrivé à son futur, et puis des complimens de félicitation sur le bonheur qui au fond en résultait pour elle, puisque c'était à ce malheur qu'elle devait de posséder M. de Lannois qu'elle aimait si profondément, et qui ferait bien le meilleur mari du monde, étant sourd et muet. Mademoiselle de Chaudmonté eût donné beaucoup pour arrêter leur importun babil; mais la difficulté était grande. Enfin elle put leur glisser à l'oreille :

— Taisez-vous, il vous entend.

— Quoi, s'écria mademoiselle de Maillebois, il n'est pas sourd. Est-ce qu'on est muet sans être sourd. Mon Dieu, que c'est singulier !

Puis elle reprit tout bas :

— Lui aurait-on coupé la langue? pauvre garçon !

Et mille autres sottes questions faites en regardant M. de Lannois d'un air de pitié.

Celui-ci paraissait d'assez mauvaise humeur d'être l'objet de toutes ces observations, lorsque mademoiselle de Lampadère s'écria :

— Que je voudrais bien le voir nous faire une déclaration en son langage.

Mademoiselle de Chaudmonté devint toute rouge, et M. de Lannois parut furieux.

— Taisez-vous, dit mademoiselle de Maillebois ; il paraît que cela le fâche.

Et M. de Lannois, à peu près traité comme un fou dont on redoute les accès, s'écria imprudemment :

— Pardieu ! si je suis muet, je ne suis pas sourd !

— Il parle ! il parle ! s'écrièrent les deux jeunes amies d'un air admirablement surpris ; quel événement, il parle !

— Qui cela ? dit M. de Vaugelas en entrant.

— Le perroquet de mademoiselle de Maillebois, dit mademoiselle de Chaudmonté, prévenant avec une admirable présence d'esprit quelque imprudente réponse de la part de ses jeunes amies.

— Oui, c'est mon perroquet, dit mademoiselle de Maillebois en éclatant de rire.

— Oui, c'est le perroquet de mademoiselle de Maillebois, s'écria mademoiselle de Lampadère en se renversant sur sa chaise, tandis que M. de Vaugelas demeurait tout ébahi de cette étrange gaîté, que M. de Lannois jetait des regards courroucés sur sa future, et que celle-ci dévorait ses larmes et son désespoir.

— Et que dit-il donc de si plaisant? reprit M. de Vaugelas.

— Oh! reprit mademoiselle de Maillebois avec une gaîté barbare, une foule de jolies choses; il dit : Donnez la patte : du rôt, du rôt, de bon rôt, donnez du rôt à Jacquot.

Et à chacune de ces phrases accentuées avec l'accent guttural du perroquet, elle jetait un regard plein de moquerie à M. de Lannois, qui rougissait et pâlissait : puis elle ajouta :

— Il dit tout cela et ne gasconne pas.

— Oh! c'est infâme, murmura mademoiselle de Chaudmonté, pendant que les deux bonnes amies riaient aux éclats.

— En ce cas, dit M. de Vaugelas, à qui cette gaîté paraissait tout-à-fait hors de propos, c'est une sotte chose que la mode des perroquets.

Les rires des deux bonnes amies redoublèrent, et mademoiselle de Lampadère reprit :

— Non, M. de Vaugelas, les perroquets ne sont pas une sotte mode, quand ils sont gentils et de beau plumage. Toutes les demoiselles de bonne maison ont des perroquets. J'en ai un, mademoiselle de Maillebois en a un, et je suis sûre que mademoiselle de Chaudmonté en a bien quelque part un joli petit mignon, avec qui elle cause en secret.

— Je vous jure que non, reprit M. de Vaugelas ; si je savais qu'il y ait une pareille bête dans la maison, je lui tordrais le cou.

— Hein ! fit M. de Lannois en bondissant sur sa chaise.

Les jeunes filles étouffèrent l'exclamation sous leurs rires furibonds ; elles se pâmaient ; elles se tenaient les côtes en s'écriant :

— Bon, vous voulez lui tordre le cou ? Qu'en dites-vous, ma chère de Chaudmonté, on tordra le cou à votre perroquet. — Pauvre perroquet chéri ! Joli perroquet mignon. — Beau perroquet, prenez garde à vous.

Enfin cette scène eut un terme, car M. de Vaugelas se retira en murmurant : — Elles sont folles.

Et ces demoiselles quittèrent le salon en riant et en répétant : Joli perroquet ! — Beau perroquet ! — Du rôt ! — Du rôt !

Mademoiselle de Chaudmonté demeura seule avec M. de Lannois, qui se promenait avec agitation ; elle n'osait lui adresser la parole et lui-même ne lui parlait pas. Enfin elle s'approcha de lui et passa son bras dans le sien, et lui dit doucement :

8.

— Pardonnez-moi, mon ami, quelques jours encore et cette cruelle épreuve sera finie.

Il y avait tant d'imploration dans la voix de mademoiselle de Chaudmonté, que M. de Lannois s'arrêta, et lui répondit avec moins de colère qu'elle ne s'y attendait :

— Mais pourquoi dire à ces deux écervelées que j'étais un perroquet ?

Hélas ! mademoiselle de Chaudmonté voulut faire de l'esprit avec son amour et elle commit une nouvelle faute. Elle dit en souriant à M. de Lannois :

— Ne voudriez-vous pas l'être un moment pour dire comme moi ? allons, monsieur, répondez.... ajouta-t-elle avec un sourire divin, dites : Mon cœur, je vous aime.

M. de Lannois fut vaincu et il répéta en se mettant à genoux devant mademoiselle de Chaudmonté :

— Mon cœur, je vous aime.

— Pour toujours ?

— Pour toujours !

— Je suis à vous ?

— Je suis à vous !

— A toi ?

— A toi !

Mademoiselle de Chaudmonté avait habilement racheté le mot perroquet ; mais elle l'avait payé cher, car elle avait dit à M. de Lannois :

— A toi.

Et M. de Lannois l'avait attirée à lui et avait continué la leçon sur les lèvres de mademoiselle de Chaudmonté. Elle se dégagea de ses bras et s'enfuit en se disant.

— Heureusement il n'y a plus que six jours jusqu'à notre mariage.

Cependant le bonheur de mademoiselle de Chaudmonté résistait aux rires de ses bonnes amies et aux moqueries dont M. de Lannois était devenu l'objet, car en deux jours tout le quartier sut l'histoire du mutisme de M. de Lannois et celle du perroquet ; et partout le malheureux se voyait poursuivi de regards curieux et de cris : Du rôt ! du rôt ! Il arrivait furieux près de mademoiselle de Chaudmonté ; mais elle le calmait bientôt. Le premier jour elle lui ferma la bouche d'elle-même en lui disant :

— Vous êtes muet.

Le second jour on permit à M. de Lannois, ce que les plus prudes permettent à leur perroquet quand il ne parle pas. Il en avait le nom ; il en prit les droits, et mademoiselle de Chaudmonté se dit : — Il n'y a plus que quatre jours à passer.

Mais sa mauvaise destinée lui suscita de bien plus cruels embarras que n'avait fait l'amitié de ses deux bonnes amis. Trois jours après la scène que nous avons rapportée, on annonça M. de Chuyes. M. de Chuyes n'avait pas renoncé aux bénéfices considérables qu'il pouvait faire dans l'entreprise dont le privilége avait été concédé à M. de Vaugelas. Comme sa nièce, il avait compté sur les mauvaises affaires du grammairien, pour vaincre sa résistance. Il avait appris par l'huissier et par madame de Maillebois, le secours que M. de Vaugelas avait trouvé dans M. de Lannois, et désespérant de voir le grammairien faire les premières démarches, il venait pour tâcher de renouer l'affaire; mais au lieu d'aller à M. de Vaugelas, ce fut à mademoiselle de Chaudmonté qu'il s'adressa. Elle était en ce moment avec M. de Lannois; M. de Chuyes leur expliqua en peu de paroles par quelle bizarrerie M. de Vaugelas avait refusé sa fortune et comment il condamnait un galant homme comme M. de Lannois, non seulement à jouer le rôle ridicule de muet, mais encore à payer des dettes qu'il lui eût été si facile d'acquitter avec un mot. M. de Lannois ignorait cette circonstance, et peut-être l'eût-il sue huit jours plus tôt qu'il n'eût fait qu'en rire, mais au point où il en était venu, assuré qu'il était que mademoiselle de Chaudmonté l'aimait de toute la passion d'une femme qui se débat vainement contre son amour, il trouva que mademoiselle de Chaudmonté avec une dot serait bien préférable à mademoiselle de Chaudmonté sans dot, et il se rangea de l'avis de M. de Chuyes, déclarant qu'il n'y avait qu'un fou qui pût agir comme agissait M. de Vaugelas.

Ces paroles blessèrent au cœur mademoiselle de Chaudmonté ; elle vit bien tout de suite que ce n'était plus elle seule que désirait M. de Lannois, et jugea qu'il était temps de mettre un terme à ses concessions ; sa réponse fut digne et franche.

— Monsieur, dit-elle à M. de Chuyes, la pauvreté de mon oncle a cessé grâce au noble dévoûment de M. de Lannois ; mais ce que je puis vous certifier, c'est qu'il préférerait s'y résigner que de transiger avec ce qu'il appelle son honneur. Quant à vous, dit-elle à M. de Lannois, si la pauvreté de mon oncle vous épouvante, vous pouvez encore retirer votre parole, vous en êtes le maître. Je ne vous ai point trompé, car j'ignorais ce que vient de m'apprendre M. de

Chuyes, vous en êtes témoin. Je vous laisse à vos réflexions.

Après ces paroles, elle se retira et M. de Chuyes demeura seul avec M. de Lannois. Ce que le financier dit à l'amoureux est resté dans le secret le plus profond, mais ce qui est certain, c'est que lorsqu'ils sortirent du salon et traversèrent le jardin où était mademoiselle de Chaudmonté, ils riaient tous deux aux éclats, et paraissaient de la meilleure intelligence.

Mademoiselle de Chaudmonté s'éloigna avec indignation, mais bientôt M. de Lannois la rejoignit du même air triomphant qu'il avait en parlant à M. de Chuyes.

— Vous avez l'air bien heureux! lui dit froidement mademoiselle de Chaudmonté.

— Et qui ne le serait, répondit M. de Lannois, d'avoir obtenu un cœur si délicat et si généreux que le vôtre? On se sent devenir soi-même délicat et généreux en présence de si beaux exemples, et on se trouve dans le cœur des vertus qu'on n'y soupçonnait pas.

— Que voulez-vous dire? reprit mademoiselle de Chaudmonté d'un air étonné.

— Je veux dire que j'ai rougi de la bassesse de mes paroles en face de la noblesse de vos sentimens, et que j'ai fait renoncer M. de Chuyes à sa pensée d'obtenir le consentement de votre oncle.

— Vous avez fait cela ! s'écria mademoiselle de Chaudmonté, d'une voix où il y avait une si heureuse tendresse, que M. de Lannois en fut touché.

— Oui, vraiment, reprit-il avec quelque embarras, et pour m'assurer de la discrétion de M. de Chuyes, je me suis fait de ses amis, il sera un des témoins de notre mariage.

— Oh! pardonnez, pardonnez-moi, mon ami, dit mademoiselle de Chaudmonté; je mérite à peine tant d'amour... Vous êtes noble et généreux, et j'ai mal pensé de vous. J'ai cru que vous ne m'aimiez pas assez pour n'aimer que moi.

— Toi, et toi seule! dit M. de Lannois en l'entourant de ses bras, toi, mon Antoinette! toi!

Que refuser à un homme si généreux, que craindre d'un amant si dévoué, comment ajouter au tort de l'avoir soupçonné en lui résistant? mademoiselle de Chaudmonté se laissait aller aux bras de M. de Lannois et si ce n'eût été le jardin, si ce n'eût été la voix de M. de Vaugelas, qui se fit entendre, on ne peut prévoir ce qui serait arrivé, mais Dieu veilla sur elle... et...

Cependant elle était si troublée qu'elle s'enfuit d'un côté et M. de Lannois s'échappa de l'autre.

— Hum! fit M. de Vaugelas, il m'avait semblé entendre chuchoter. Puis il continua sa promenade.

Dans la préoccupation de bonheur qui tenait Mlle de Chaudmonté, elle n'avait point remarqué combien les allures de son oncle devenaient de plus en plus bizarres. Quelquefois elle avait été alarmée du regard scrutateur que M. de Vaugelas jetait sur M. de Lannois, mais bientôt elle se rassurait en voyant la bienveillance avec laquelle il le traitait; aussitôt après le dîner, M. de Vaugelas courait s'enfermer et ne sortait pas de la journée de sa chambre. Cette absence servait trop bien les projets des deux amans pour qu'ils allassent troubler le grammairien dans sa retraite. Ce jour-là il se promena longtemps tout seul en parlant activement, puis il rentra et s'enferma de nouveau.

Le lendemain un mot de M. de Lannois prévint mademoiselle de Chaudmonté qu'il ne viendrait pas chez elle. Ce fut à la fois un chagrin et une joie : un chagrin de ne pas voir celui qu'elle aimait, une joie d'être à l'abri d'une nouvelle exigence, car il y avait encore deux jours avant le mariage, et mademoiselle de Chaudmonté voulait pourtant garder quelque chose pour le soir de ses noces. Le billet de M. de Lannois, l'avertissait en même temps que le lendemain elle recevrait les présens d'usage, et que le soir il viendrait avec M. de Chuyes et son notaire, et qu'on signerait le contrat de mariage. Elle courut en prévenir son oncle et le trouva au milieu d'une quantité de papiers manuscrits.

M. de Vaugelas parut charmé de la nouvelle, et lui répondit gracieusement :

— Demain M. de Lannois t'enverra ses présens; demain je te donnerai ta dot, la voici, dit-il, en montrant son manuscrit : ceci est un livre d'un avantage si immense pour l'humanité, que je ne doute pas que les libraires n'y mettent un prix plus élevé qu'à aucun ouvrage, dès qu'ils en connaîtront seulement le titre.

Mademoiselle de Chaudmonté désira le connaître; mais ce titre était un trésor que M. de Vaugelas ne voulut pas livrer à l'indiscrétion de sa nièce, et elle se retira dans sa chambre.

Que la nuit qu'elle passa lui fut douce ! que la journée du lendemain fut heureuse. Oh ! que l'attente du bonheur est bien plus enivrante que le bonheur lui-même. Comme tous les soins de la journée furent légers à mademoiselle de Chaudmonté ; puis lorsque arrivèrent les présens du futur, comme ils furent admirés et adorés brin à brin ! Ce fut une joie indicible ; car mesdemoiselles de Maillebois et de Lampadère étaient présentes, et comme elles avaient ri du prétendu, il fallait les châtier en leur montrant la magnificence du prétendu. Rien ne manqua au bonheur de mademoiselle de Chaudmonté, les présens qu'avaient reçus mesdemoiselles de Lampadère et de Maillebois étaient moindres et de moins bon goût que les siens. Enfin le soir arriva.

Mademoiselle de Chaudmonté avait mis une des robes superbes qui étaient parmi celles qui lui avaient été envoyées, et M. de Vaugelas n'avait pas dédaigné de revêtir l'habit de velours complet que M. de Lannois s'était permis de lui offrir. L'assemblée était nombreuse. M. de Lampadère avait été invité, ainsi que MM. Carton et Boulanger, et par une bizarrerie étrange, M. de Vaugelas était allé lui-même prier madame de Maillebois et sa fille d'assister à la signature du contrat de mademoiselle de Chaudmonté. Celle-ci ne s'était pas expliqué le motif de son oncle, car depuis le fameux mot *patafioler*, il avait toujours parlé de madame de Maillebois avec une haine et un mépris furieux. Ce qui eût beaucoup occupé mademoiselle de Chaudmonté, si elle avait pu s'occuper de quelque chose, c'était le regard méchant dont M. de Vaugelas poursuivait mademoiselle de Maillebois. Enfin toutes les personnes invitées, MM. Carton et Boulanger entre autres, étant arrivées, on commença la lecture du contrat.

Ce moment rendit à mademoiselle de Chaudmonté une partie de ses terreurs; elle s'attendait à voir son oncle s'emporter à l'audition de quelque mot barbare : mais loin de là, il ne faisait qu'en sourire avec une sorte de pitié menaçante. Ce fut donc à peine si elle entendit les avantages superbes que lui faisait M. de Lannois, et elle ne les comprit qu'aux félicitations aigres-douces que lui firent ses bonnes amies.

Chacun s'était levé et on circulait dans le salon. Le notaire était resté seul assis devant la table où il venait de lire le contrat : il échangea un rapide coup d'œil avec M. de Chuyes et M. de Lannois, et à l'instant même il substitua au contrat un autre cahier parfaitement semblable de forme et d'apparence, ouvert seulement à sa dernière page où se trouvaient écrites la formule de tous les contrats ainsi que la date de l'année et du jour où il était passé. Mademoiselle de Chaudmonté s'aperçut de la substitution, mais elle n'en devina pas la raison et ne la chercha point.

Aussitôt M. de Chuyes élevant la voix dit à tout le monde :

— Maintenant il ne reste plus qu'à signer, car je ne pense pas qu'il manque rien à un si excellent contrat.

— Il y manque quelque chose, monsieur, dit M. de Vaugelas, avec un air de grandeur digne d'un moment si solennel.

Puis il s'approcha de la table et mettant le doigt sur le cahier que tenait le notaire, de manière à ce que celui-ci ne pouvait le retirer, il ajouta :

— Écrivez que je constitue en dot à ma nièce, la propriété du manuscrit que voici.

Et il le tira de sa poche et le posa fièrement sur la table.

— Ce manuscrit, reprit-il d'une voix tonnante et qui fixa sur lui l'attention de toutes les personnes présentes, ce manuscrit ayant pour titre :

« Relation d'un fait, suivi de divers raison-
« nemens tendant à prouver que l'usage d'une
« mauvaise prononciation et l'abus de termes
« impropres ou barbares peuvent, dans quel-
« ques circonstances, occasionner le mutisme. »

L'étonnement, la stupéfaction de toute l'assemblée ne peuvent se rendre. Ce fut d'abord un silence au fond duquel grondaient les rires les plus outrés, les explosions de moquerie les plus indécentes : ce furent des regards de dérision qui coururent d'œil à œil avec une rapidité singulière ; mais ce fut un bien autre étonnement quand M. de Lannois, oubliant toute prudence, laissa échapper cette terrible exclamation.

— Que le ciel confonde ce vieux fou !

— Il parle ! s'écria M. de Vaugelas, frappé de cette voix qu'il n'avait entendue depuis huit jours.

— Eh ! non ; c'est mon perroquet, s'écria mademoiselle de Maillebois.

Et, à l'instant, les rires retentissent avec une intensité et un fracas indicibles. Mademoiselle de Chaudmonté était tombée à genoux dans un coin, et M. de Lannois criait et gesticulait avec fureur.

Quant à M. de Vaugelas, il regardait M. de Lannois en répétant d'une voix sourde et étouffée :

— Il parle ! il parle !!

Puis tout à coup, pris d'un transport furieux, il saisit un bâton, et s'élança sur la compagnie.

Les femmes s'échappent en riant; les hommes arrêtent M. de Vaugelas en riant; le notaire s'esquive; mais M. de Vaugelas, se débarrassant des mains qui le tiennent, se précipite sur le notaire et lui arrache les papiers qu'il emportait, et parmi lesquels dans son empressement, il avait mis le fameux manuscrit.

Alors, commence une lutte vraiment sérieuse entre M. de Vaugelas et les témoins qui veulent ravoir les papiers; on voyait que ce n'était plus un jeu. M. de Vaugelas allait succomber, lorsque mademoiselle de Chaudmonté s'élance entre lui et ses adversaires, et, avec cette autorité qui sied si bien à la sincère vertu, elle leur crie :

— Sortez, messieurs; voulez-vous donc tuer ce vieillard, après avoir tué sa raison! M. de Lannois, j'en appelle à votre honneur.

M. de Lannois baissa la tête, et entraîna MM. de Chuyes et autres.

Un moment après, on avait porté M. de Vaugelas dans son lit. Une fièvre cruelle l'agitait, et, dans son transport, il répétait des mots étranges : il parlait de patafioler, de loterie, de mariage.... et gasconnait en prononçant.

Mademoiselle de Chaudmonté passa la nuit près de lui, et ne le quitta que lorsque le jour fut venu. A ce moment, elle descendit dans le salon : il portait encore les traces de l'assemblée de la veille et de la scène tragique qui l'avait dispersée. Les chaises étaient renversées çà et là, et les papiers étaient épars à travers la chambre : elle les ramassa lentement, et, lorsqu'elle prit le cahier qu'elle supposait être le contrat de mariage, des larmes lui vinrent aux yeux.

— Oh! se dit-elle avec désespoir, il m'aimait grandement, lui qui m'avait donné sa fortune en échange de mon amour.

Et, par un instinct machinal, elle porta les yeux sur le titre du contrat, et crut être devenue folle à son tour, en lisant :

Contrat de société pour l'établissement d'une blanque sous le nom de loterie.

Elle lut et relut ce titre avec effroi, puis, se rappelant tout à coup la scène avec M. de Chuyes, et la facilité avec laquelle M. de Lannois avait paru renoncer à l'espérance de cette affaire, et la substitution d'un cahier à l'autre, quand on l'avait présenté à la signature de son oncle, elle comprit la vérité : tout cela n'avait été qu'une supercherie pour faire signer ce contrat à M. de Vaugelas.

En découvrant cette horrible vérité, la pauvre de Chaudmonté appuya la main sur son cœur et tomba sur un fauteuil. Ce fut un coup terrible et douloureux. Elle perdait son amant, et perdait jusqu'au charme de le regretter. Ce n'était qu'un indigne, qu'un malhonnête homme. Pauvre fille! elle baissa la tête et murmura ce mot :

— Adieu !

Oh! si quelqu'un l'avait entendu, ce mot adieu, que de saintes larmes et de sublime résignation il y eût senti renfermées! Adieu à la vie, à l'amour, à la foi ; adieu à tout. C'était son arrêt de vieille fille qu'elle venait de prononcer.

En ce moment, Gaspard annonça M. de Lannois. Toute autre moins forte, moins noble que mademoiselle de Chaudmonté, eût refusé de le voir, elle donna l'ordre qu'on le fît entrer. M. de Lannois s'approcha le front baissé, et mademoiselle de Chaudmonté lui dit :

— Sont-ce vos présens de noces que vous venez reprendre?

— Mademoiselle... cette pensée...

— Ils étaient magnifiques, monsieur, reprit mademoiselle de Chaudmonté d'une voix altérée; et je vous en remercie, bien que vous eussiez trouvé de quoi les payer avec ceci.

— Quoi! s'écria M. de Lannois, vous avez vu ce contrat?

— Oui, reprit mademoiselle de Chaudmonté, et je vous le rends ; ceci, monsieur, c'est votre honneur que je vous rends ; ceci détruit, vous pourrez marcher la tête haute et vous dire galant homme. Eh bien, monsieur, dites-le... mais ne dites pas ce qu'une pauvre fille vous a donné d'amour et ce qu'elle vous a montré de faiblesses ; ne faites pas qu'on raconte d'elle de méchantes choses. Je suis pure encore devant les hommes, et si je gardais une espérance, je pourrais sans déshonneur donner ma main à un mari. Mais celui-là n'aurait pas mon premier baiser si chaste qu'il ait été ; mais, devant moi, nul autre que vous ne pourrait être mon époux.

— Oui, s'écria Lannois ; et nul autre que moi ne le sera. Pardonnez-moi ! ce sont les mauvais conseils de M. de Chuyes qui m'ont égaré. Antoinette ! je vous aime de toute la sincérité de mon âme ; pardonnez-moi, implorez la grâce de votre oncle, et le contrat, car nous devions signer celui-ci en même temps, celui-ci lui assurera une honorable existence.

Mademoiselle de Chaudmonté écouta parler M. de Lannois sans l'interrompre, puis, quand il eut achevé, elle lui dit :

— Je ne vous crois plus.

Mot terrible en amour, car l'amour c'est la foi.

A ce moment M. de Vaugelas appela d'une voix impérative, et mademoiselle de Chaudmonté s'élança vers sa chambre pour que son oncle ne descendît point et ne vît point M. de Lannois. Celui-ci sortit, dans la journée il écrivit dix lettres qui furent toutes renvoyées.

Deux jours après les meubles de M. de Vaugelas furent vendus, et il se retira avec sa nièce dans un galetas où il y avait un grabat et quelques livres. Il y vécut cinq mois, tantôt pris de bizarres accès qui tenaient à la folie, tantôt continuant ses savans travaux sur la langue. Durant ces cinq mois, bien des propositions lui furent faites pour lui acheter le privilége qu'il possédait, à la condition d'appeler son opération loterie. Les personnes les plus considérables l'en vinrent solliciter, mais il s'y refusa constamment.

De son côté, M. de Lannois tenta tous les moyens d'obtenir sa grâce de mademoiselle de Chaudmonté, mais elle fut inflexible.

Enfin M. de Vaugelas mourut, et mademoiselle de Chaudmonté se trouva l'héritière du fameux privilége.

Elle le vendit à MM. de Chuyes, Boulanger et

Carton, pour la somme de vingt mille livres, qu'elle porta en dot ou couvent des Filles de Sainte-Opportune.

Le jour où mademoiselle de Chaudmonté prononça ses vœux, la loterie fut instituée en France.

MESSAGE.

Message.

Hier, je reçus le billet suivant de Rodolphe Labié :

« Je quitte Paris à deux heures du matin ; je t'attends à minuit. »

A l'heure indiquée, j'étais chez mon ami. Tous les préparatifs de son départ étaient terminés, les malles attachées, les manteaux déposés dans la calèche ; il ne manquait plus que les chevaux de poste, qui étaient commandés pour deux heures du matin.
— Te voilà, me dit Rodolphe, je te remercie de ton exactitude. J'ai un service à te demander,

un singulier service, que je ne puis t'expliquer du premier mot. Pour que tu le comprennes, il faut que tu saches d'abord un secret de ma vie que je ne t'ai pas encore confié; puis, lorsque je te l'aurai dit, tu feras ce que je te demanderai : tu le peux, toi seul peut-être le peux de manière à atteindre le but que je me propose. Je pars cette nuit; tu sais que mes devoirs ne me permettent pas de différer mon départ d'une heure; je vais dans un pays où le climat sévit, où, depuis un mois, le choléra est venu en aide aux rigueurs du climat; je puis y mourir; je ne le crains pas, mais je le crois. Tu trouveras chez ton père mes dispositions testamentaires.

Je fis un mouvement, Rodolphe continua.

— Que veux-tu, c'est un pressentiment, c'est une folie sans doute, mais enfin jamais je ne fus si triste de quitter la France. Je t'ai dit que j'avais fait mon testament, il y a un adieu pour chacun de ceux que j'aime; tu comprends que je n'ai pas eu à diviser beaucoup mon misérable lot de fortune. Mais il y a un adieu que je n'ai pu mettre dans cet acte de dernière volonté, un adieu que je ne puis confier à un messager, que je ne puis confier à une lettre. Ni le messager ni la lettre ne pénétreraient là où je veux les adresser. Toi seul peux y parvenir.

Je parus étonné; Rodolphe continua encore, mais avec un certain embarras :

— Tu ne me comprends pas, et moi-même, je ne sais trop comment me faire comprendre.

Il s'arrêta et parut réfléchir un moment; puis il reprit avec vivacité :

— Écoute: lorsque j'étais près de Douchinka, au fond de la Russie, nous lisions ensemble, et passionnément, tout ce que tu écrivais; moi, parce que tu es mon ami, elle, parce que je t'aimais. Maintenant, c'est pour moi qu'il faut que tu écrives. En quelque lieu de l'Europe qu'elle voyage, cela lui parviendra tôt ou tard; et ce message, audacieusement placé à la première page d'une feuille publique, franchira plus aisément le cercle d'espions qui l'entourent, que la lettre la plus indifférente ou le messager le plus adroit. Mais comme tu comprends qu'aucun nom véritable ne peut être écrit dans cet adieu, il faut que des secrets qui ne se sont passés qu'entre elle et moi viennent l'avertir que c'est à elle que je parle ; comme c'est probablement la dernière fois que ma pensée s'adresse à la sienne, il faut qu'elle l'apprenne tout entière, qu'elle sache tout ce qu'elle ignore, enfin tout ce que j'ai souffert.

Après ce préambule, Rodolphe se recueillit

un moment, et commença ainsi l'histoire que je suis chargé de raconter à tous nos lecteurs, et qui ne s'adresse qu'à un seul.

— Tu sais pourquoi et comment je quittai la France, en 1826; tu sais que je m'exilai en Russie, et qu'après quelques mois de séjour à Saint-Pétersbourg, j'entrai comme gouverneur du jeune Yvan, dans la maison du prince C... son père. Tu sais aussi qu'au bout de deux ans l'état de ma santé me força de rentrer en France; qu'après m'y être rétabli, je retournai en Russie, et qu'enfin j'en suis revenu en 1833, chassé par les indignités que les courtisans de la haine de l'empereur Nicolas contre la révolution de 1830 croient devoir faire subir aux Français qui sont dans leur dépendance. Voilà ce que tu sais de ces six ans de ma vie, ce que j'en ai dit à tout le monde, ce qui semble suffisant à la foule pour le compte-rendu d'une existence si longue; voici ce qu'il faut que tu en apprennes.

La maison du prince C... était une de celles qui représentaient le plus complètement le fastueux esclavage d'un grand seigneur russe. Le prince C... habitait un palais; dans ce palais, chacun des membres importans de la famille avait son appartement séparé. Celui du prince, celui de la princesse, celui de sa fille Douchinka et de sa gouvernante; celui de mon élève, le mien, et deux ou trois autres destinés aux professeurs qui, sous ma direction, faisaient l'éducation du jeune Yvan, occupaient les deux étages du palais. Le reste de la maison se composait de près de cinq cents esclaves, entassés pêle-mêle dans les combles du palais, pour y dormir la nuit, et distribués le jour dans les écuries, à la cuisine, aux offices, dans les antichambres, à la sellerie, à l'établi du tailleur ou du bottier; car il est de la magnificence d'un seigneur russe de ne se fournir de rien à l'extérieur, si ce n'est pour l'élégance de sa propre personne.

Le prince C... est un Russe. Si tu avais habité six ans ce pays, ce mot serait pour toi une histoire : je vais te l'expliquer. Le prince C... est un homme qui a toute la sotte vanité de rang que n'ont plus nos vieux gentillâtres; il se croit sincèrement d'une autre matière que les esclaves qui l'entourent; et comme ce n'est point un homme méchant, il les plaint de ne pas être nés gentilshommes, comme il les plaindrait d'être venus au monde aveugles ou bossus. A cette religion pour sa propre noblesse, il faut joindre dans l'âme d'un seigneur russe sa religion pour l'empereur. L'empereur, c'est Dieu. Cela peut expliquer suffisamment le respect d'un grand seigneur russe pour un favori de son maître, ce favori fût-il sorti de la race la plus abjecte. De même vous connaîtriez bien mal le caractère de ce peuple singulier si vous vouliez nier cette adoration de l'empereur, en raison de la catastrophe périodique par laquelle chaque règne s'achève d'ordinaire. On assassine ceux qu'on redoute ou même qu'on respecte; il n'y a que chez les peuples où on méprise les rois qu'on les chasse. C'est l'histoire de toutes les époques sous d'autres formes; il n'y a plus de sacrilége depuis que la foi est éteinte; ce n'est qu'au siècle des martyrs qu'on foulait aux pieds les hosties saintes, et on ne viole plus les églises depuis qu'elles ne sont plus un asile sacré. Le prince C... était donc un Russe dans toute l'acception du mot, courtisan esclave vis-à-vis de l'empereur, despote insolent envers ceux qui étaient moins que lui, et propriétaire de bonne foi d'une foule d'hommes qu'il ne maltraitait point, comme je te l'ai dit, parce qu'il n'était ni dans son caractère, ni dans ses habitudes, de battre ses chiens ni ses chevaux; hommes et bêtes profitaient de sa douceur.

Cet homme *possédait* aussi deux anges dans sa famille; je dis possédait, car une femme, en Russie, n'est pas de beaucoup distincte des meubles meublans qui ornent un palais. C'est encore un trait remarquable dans le caractère de ce peuple, plein de contrastes, soumis à la loi chrétienne, qui lui a fait de la femme une compagne, et encore imbu des souvenirs de son origine orientale, dont les mœurs la lui donnaient pour esclave.

Aussi serait-ce une chose merveilleuse à étudier et à écrire que l'histoire du cœur d'une femme russe. Leur vie se passe le plus souvent dans le fond de leur appartement, où la chaleur du poêle les fait croître et se développer aussi vite que les filles de l'Inde sous les feux de leur soleil ; mais où elles grandissent faibles, pâles, étiolées comme les fleurs de nos serres chaudes. Dans l'Orient, cette retraite continue des femmes est accompagnée de la nonchalance du corps et de la pensée. Se peindre les sourcils et les ongles, se peigner les cheveux, se parfumer le corps, s'endormir dans le bain ou fumer sur des coussins, voilà toute la vie et toute l'ambition des femmes de l'Orient. Mais dans l'esclavage métis de la femme russe, dans la prison où la tiennent l'étiquette, le mépris de son mari, la nullité de sa position sociale, dans cette prison tout pénètre excepté le bonheur. Nos livres, nos arts, notre pensée hardie, tout cela encombre le boudoir parfumé où languit une femme russe. Nos livres dédiés aux femmes, signés par des femmes, ces livres où les passions d'un sexe sont élevées à la hauteur des passions de l'autre, toute cette discussion palpitante des droits du cœur et des droits de la vie, toutes ces idées qui émeuvent notre société si libre, si indépendante de préjugés, toutes ces idées sont le passe-temps perpétuel de la captivité morale d'une femme russe. Si elles paraissent dangereuses parmi nous, pour peu qu'elles devancent les idées reçues sur les droits des femmes, calcule quelle perturbation elles doivent apporter dans la pensée de celles à qui ces avantages semblent un rêve irréalisable, et qui pourtant les avent réalisé à quelques centaines de lieues de la terre où elles habitent : qui le savent réalisé, non point comme se l'imaginerait la superstitieuse ignorance des femmes mahométanes, si on leur faisait goûter ce fruit de l'arbre de la science, réalisé par une race infidèle, maudite, méprisée et séparée de la race du vrai Dieu par la langue et la foi; mais réalisé pour les femmes russes, chez des peuples dont elles parlent la langue, dont la religion sort du même principe que la leur ; peuples illustres par leur histoire, et à qui elles sont forcées de demander le peu de civilisation qui leur est permise, le luxe des arts, l'élégance de la vie, les recherches de la parure, les occupations de l'esprit. Et maintenant, vois toutes ces idées tomber dans un vie inoccupée, qui ne trouve de distraction ni dans ses droits, ni dans ses devoirs, ni dans ses plaisirs; qui, pour peupler sa solitude, les accueille, s'en abreuve, en devient ivre, et tu comprendras le cœur d'une femme russe, tous ses désirs effrénés que la captivité égare, car ils n'ont pas la liberté pour mesure; toutes ses haines contre ses maîtres bouillant sourdement dans son ame : tu comprendras que chez elle un geste, un mot, un regard, peuvent déterminer une explosion terrible. La princesse C... et sa fille étaient deux de ces femmes, avec la seule différence entre elles d'un cœur brisé qui se résigne, et d'une ame jeune qui voudrait s'envoler. La princesse C... avait trente-quatre ans, en 1830, sa fille Douchinka en avait quatorze.

Quant au jeune Yvan, c'était un naïf enfant dont j'aurais fait un homme et dont j'ai bien peur qu'on ne refasse un Russe. De même que j'avais hérité auprès de lui de tous les droits de son père, de même une gouvernante allemande, M#me# Stroff, avait hérité de la surveillance de la

princesse sur la conduite et les études de sa fille.
Il faut te le répéter encore ; il semble dans ce
pays que ce soit un parti pris d'enlever aux femmes tout ce qui pourrait les intéresser ou les
occuper.

Lorsque j'arrivai dans cette famille, Douchinka était une enfant, mais une enfant singulière, soucieuse et pétulante, tantôt bondissant par les salons comme un jeune chat,
évaporant en cris et en gestes désordonnés la
jeunesse qui la travaillait déjà ; tantôt rêveuse
dans un coin, méditant des heures entières dans
le silence, puis terminant ses méditations par
un déluge de larmes dont elle ne pouvait rendre
compte ni à elle-même ni aux autres, et finissant par s'endormir la tête sur les genoux de sa
mère, calme et paisible comme un enfant.
Alors sa mère la regardait et pleurait à son tour ;
elle la comprenait ; elle savait que bientôt les
jeux bruyans et la fatigue physique de ces jeux ;
que les larmes sans raison et la lassitude de ces
larmes ne suffiraient plus à emporter cette surabondance de vie. J'avais été témoin de ces
scènes, mais l'état de dépendance où j'étais ne
m'avait pas permis de m'en apercevoir visiblement ; d'ailleurs cela m'arrivait rarement. D'après l'étiquette du palais, je ne pouvais voir la

princesse qu'après une espèce de demande d'audience, et bien que je susse que cette forme n'avait rien de particulier et par conséquent rien d'injurieux pour moi, je ne pouvais me résoudre à m'y soumettre. Mes visites à la princesse ne furent même assez fréquentes que parce qu'elle-même me faisait demander pour s'informer des progrès de son fils.

La première fois que je vis Douchinka courant dans le vaste boudoir de sa mère, dérangeant tout, ouvrant les meubles, les refermant brusquement, prendre dans les écrins les bijoux de sa mère, s'en charger avec une joie turbulente; puis, se figurant qu'elle était au bal, danser avec une vivacité étrange une mazourka dont elle chantait l'air; puis au moment où elle paraissait le plus animée par la danse et le chant, s'arrêter soudain, et soudain éclater en larmes et en sanglots qui se terminèrent par un sommeil doux et paisible sur les genoux de sa mère; la première fois que je vis cela, dis-je, je le trouvai fort ridicule et je haussai les épaules en voyant l'anxiété de la princesse. Cette turbulence et cette tristesse d'enfant gâté me parurent mériter au moins une réprimande.

Plus tard, lorsque quelques conversations avec la princesse m'eurent fait connaître en elle un esprit supérieur, des vues nettes et approfondies sur les conditions du bonheur humain, je m'étonnai de l'aveuglement ou de la faiblesse qui l'empêchaient de corriger les extravagances de sa fille. Toutefois je n'en dis rien.

Dans ce monde russe où tout est contrat, ou, plus qu'en aucun autre pays, plus qu'en Angleterre, plus qu'en Hollande, l'argent est considéré comme l'équivalent de tout, dans ce monde, j'avais appris depuis long-temps que ce serait niaiserie et peut-être maladresse que de donner aux gens qui me payaient autre chose que ce qu'ils m'avaient acheté. Ils m'avaient confié leur fils, je leur devais compte de l'éducation de leur fils, et probablement on m'eût trouvé bien osé de faire une observation ou de donner un conseil sur la conduite de leur fille, l'eussé-je vue faire une mauvaise action. Il est même probable que la gouvernante allemande se serait plainte de moi si je me l'étais permis, et m'eût fait prier par le prince de rester dans mes attributions.

Et à propos de cela, il est bon de vous dire que ce rigorisme de fonctions est poussé si loin depuis le prince jusqu'au dernier esclave, que si vous demandez au valet chargé des confitures de vous donner un verre d'eau, il vous renverra au valet des verres d'eau ; et si le valet des verres d'eau est malade et que l'intendant ait oublié d'en désigner un autre pour ce service, il faudra vous passer de boire toute la journée.

Donc, en présence de ces habitudes, je m'étais abstenu de la moindre réflexion sur les caprices bizarres de la jeune Douchinka ; mais enfin un jour ils furent si violens, si emportés, si bizarrement coupés de rires et de larmes, que ma physionomie et mon air de stupéfaction parlèrent malgré moi. Je ne pus m'empêcher de regarder la princesse pendant que sa fille brisait avec fureur quelques porcelaines qui lui étaient arrivées de France. La princesse me regarda de même, et sourit tristement à mon regard en levant les yeux au ciel. Pendant ce temps Douchinka s'était mise à son piano, et après y avoir capricieusement préludé, elle avait fini par chanter un air italien, d'abord doucement, puis avec plus d'accent, et enfin avec un éclat et une passion qui semblaient vouloir jeter en dehors tout ce qui bouillait dans sa poitrine et semblait près de la faire éclater. Sa mère l'écoutait douloureusement, et lorsque tout cela se termina par les larmes et l'affaissement ordinaires et par le tranquille sommeil qui les suivait, je vis la princesse pleurer et je

l'entendis murmurer doucement ces deux mots:
— Elle aussi !

Ces paroles de la princesse étaient une confidence; c'était presque l'histoire de sa vie passée qui se trouvait enfermée dans ce mot. Je me pris à la considérer. En me rappelant tout ce qu'il y avait de noble et d'élevé dans son cœur, en voyant tout ce qu'il y avait de souffrance résignée sur son beau visage, je me pris aussi à plaindre sa fille, et jugeai que ce que j'avais nommé une extravagance était une douleur. Ce fut le premier pas que je fis vers ces deux femmes. Ce fut à partir de ce jour que je pensai sur leur existence, la voyant écrite pour ainsi dire tout entière en deux chapitres : pouvant commencer celle de la mère par celle de la fille, et finir celle de la fille par celle de la mère. Une fois l'esprit tourné de ce côté, j'étudiai à fond cette vie dont la surface était si brillante, et j'y trouvai non pas l'ennui, non pas le dégoût, j'y trouvai le désespoir. J'y trouvai cette passion qui prouve un véritable malheur, j'y trouvai l'envie, et pour que tu me comprennes, il faut te dire que par ce mot je n'entends pas ce désir vague et dédaigneux qui affecte de regretter un état obscur, du haut de sa haute position : ce n'était pas l'expression exagérée d'un moment de dépit qui fait de la sentimentalité sur des biens dont au fond il ne voudrait pas ; c'était l'envie haineuse et méprisante ; l'envie qui déteste et dénigre avec emportement ceux qui tiennent la place où elle voudrait être. Tu ne peux t'imaginer quel fut mon étonnement, un jour qu'elle me dit presque avec colère : — Oh ! je connais vos sottes bourgeoises mijaurées avec leurs passions de petits plaisirs, leurs rivalités d'amours et de couturières ; leur ennui pour les choses graves, leur haine pour les hommes dont les luttes politiques détournent les regards du monde de leurs petits combats de coquetterie ; je sais leurs regrets pour la fameuse prétendue galanterie des vieilles cours ; les misérables se plaignent, elles qui ont des lois qui les reconnaissent comme mères, comme épouses, comme filles ; des mœurs qui les admettent au partage de presque toutes les gloires, tandis qu'il y a ici des malheureuses qui achèteraient de dix ans de leur vie une année de cette existence qu'elles méprisent ! Comprenez-vous qu'en face de ce délire stupide, on éprouve facilement des mouvemens de rage et de mépris contre de pareils êtres ! cependant le bonheur est pour eux ; et pour d'autres, qui adoreraient à genoux ces bienfaits de la civilisation, il n'y a que mépris,

II.

insulte et désespoir. C'est affreux à penser, épouvantable à subir.

Cette violente sortie m'étonna. D'abord, elle mentait aux sentimens habituellement doux et bienveillans de la princesse; elle mentait encore à l'expression retenue et digne de ses opinions et elle portait surtout un caractère d'envie profondément senti.

Cette nouvelle confidence me fut une explication de la faveur très marquée dont je jouissais auprès de la princesse. Excuse-moi si je t'explique mot à mot chaque sentiment de ce pays ; en vérité, je te le répète, c'est tout une nouvelle région à explorer où tu t'égarerais en marchant d'après nos idées. Écoute-moi : le besoin de faire respecter ma dignité personnelle, dans l'état de dépendance où je me trouvais, m'avait inspiré de l'établir non seulement sur l'estime qui suit toute bonne conduite, mais encore sur ma qualité de Français. Ce mot qui vous paraît fort ridicule en France, était d'une grande autorité à Saint-Pétersbourg, et lorsque je disais à tous ces princes, à tous ces généraux qu'un mot de l'empereur Nicolas peut envoyer mourir en Sibérie, lorsque je leur disais que j'aimais mieux être le plus misérable des citoyens français, qui ne peut être jugé que par ses pairs, arrêté que sur l'ordre d'un magistrat qui tôt ou tard doit compte de la liberté d'un homme à son pays, je ne faisais pas une de ces phrases banales qui traînent dans la polémique des journaux; je disais une de ces vérités fâcheuses à ceux qui les entendent, vérité qui perçait la croûte d'esclavage qui recouvre toutes ces ames de Russes et y pénétrait vivement. La princesse me savait gré d'estimer si haut ce qu'elle-même considérait comme le premier bien de la vie.

On a beaucoup écrit que le malheur rapproche les distances, mais ce n'est sans doute que quand on espère, dans la confiance mutuelle de deux ames souffrantes, rencontrer une consolation; car, dès le moment que je crus avoir deviné la princesse, du jour où mon respect prit cette teinte d'intérêt qui pouvait ressembler à de la pitié, dès ce jour elle devint plus réservée avec moi; mes visites furent moins souvent appelées, et toutes les fois que les crises de Douchinka menaçaient de la prendre, on la cachait ou on m'éloignait. Ce fut à mon tour de subir ce travail de réflexion si puissant dans la solitude, et qui fait germer si vigoureusement les pensées qu'on y soumet.

Peut-être ai-je dû à cette préoccupation

constante du peu que je savais de la princesse, de la connaître mieux que si je l'avais vue tous les jours, sans m'occuper ensuite de ce que j'avais vu. Je pourrais comparer cela à l'étude patiente qu'on fait d'un seul livre, et où l'on apprend davantage que dans la lecture passagère de plusieurs.

Tout cela se passait au milieu de la vie la plus uniforme, et peut-être chacun de nous ne croyait s'intéresser qu'à sa propre pensée, lorsqu'un événement bien frêle en apparence nous apprit que nous entrions, l'un pour l'autre, dans cet intérêt.

Mon élève, comme la plupart des enfans de son pays et de son rang, avait pensé trouver dans son gouverneur un complaisant qui achèterait le maintien de sa position par l'abandon de ses devoirs. Un jour, pour une faute assez légère dans le fond, mais où se trouvait un mépris complet de l'autorité qu'on m'avait donnée sur lui, je le punis assez rigoureusement : je lui défendis de paraître pendant huit jours à la table de son père; Yvan tenta la révolte jusqu'au bout, et, au mépris de mes ordres, il descendit à l'heure du dîner. J'attendis que toute la famille fût arrivée; l'enfant, se méprenant sur mon intention, s'imagina que je n'oserais le chasser devant son père; mais lorsque celui-ci fut arrivé, lorsque la princesse et sa fille furent près de s'asseoir, j'ordonnai à l'un des esclaves présens d'ôter le couvert d'Yvan. Son père en fut surpris, et l'esclave n'obéit point.

— D'où vient, dit le prince, que mon fils ne dîne point avec nous ?

— Parce que je le lui ai défendu.

— Quelle faute si grande a-t-il donc commise pour une si grande punition ?

— Monsieur, lui répondis-je, je n'ai point à discuter avec vous la grandeur de la faute et de la punition, Yvan m'a désobéi, cela suffit.

— Désobéi à monsieur, dit l'enfant avec un ricanement, c'est donc un bien grand crime ?

— En effet, dit le prince, avec cette complaisance vaniteuse qu'il croyait devoir éprouver pour l'enfant qui portait son nom, une désobéissance mérite-t-elle...

Je l'arrêtai à ce mot, pour empêcher la sottise d'être complète, et je lui dis sèchement :

— Votre fils m'obéira sans réplique et sans recours à votre autorité, ou demain vous lui donnerez un autre gouverneur.

— Nous quitter ! s'écria la princesse avec une vive expression; non, monsieur, non; demeurez, je vous en prie, je vous le demande en grâce. Ne voyez-vous pas que cet enfant a besoin de vous ?

Ces derniers mots furent prononcés d'une voix si tremblante que j'en fus étonné moi-même; la princesse se remit tout aussitôt, et dit à son fils :

— Sortez, monsieur ! et ne reparaissez que lorsque votre gouverneur vous l'aura permis.

Le prince était abasourdi ; mais son humeur perçait à travers son étonnement, et peut-être allait-elle éclater lorsque la princesse, avec cette rapide intelligence et cette délicatesse de cœur qui est le plus sûr symptôme de tout intérêt caché, voulant m'en épargner toute expression désagréable, s'approcha vivement de son mari et lui parla à voix basse. Il est inutile de te dire les excellentes et banales raisons qu'elle employa sans doute pour prouver à son mari qu'il devait, le premier respecter mon autorité, pour qu'elle fût de quelque poids vis-à-vis de son fils. Je supposais bien que ce devait être le texte de leur conversation ; mais tout ce qu'elle pouvait dire sur ce sujet m'importait peu ; je ne pensais qu'à la vivacité de l'intervention de la princesse, qu'à ce cri d'étonnement et presque de désespoir qui lui était échappé à la menace de mon départ. Je ramenais dans ma pensée l'intonation de sa voix, bien plus que les mots dont elle s'était servie, et je me sentais agité d'un sentiment inquiet heureux et craintif à la fois.

Elle avait persuadé son mari, car il s'approcha de moi et me remercia aussi agréablement qu'il le put; la princesse ne me dit pas un mot, comme si les expressions banales de la reconnaissance forcée du prince renfermaient suffisamment tout ce qu'elle eût pu me dire : c'était un bulletin de victoire apporté par le vaincu.

Après cette scène, enfermé dans mon appartement, je me demandai si l'intérêt de l'éducation de son fils n'avait pas prêté seul à la princesse l'émotion qui m'avait frappé; je finis par me le persuader. Je trouvai ridicule et présomptueuse toute autre supposition à ce sujet, et aujourd'hui je puis dire que ma modestie me compromit plus en cette circonstance que n'eût pu faire la plus impertinente vanité. Véritablement, si, lorsque je me présentai chez la princesse pour la remercier de son intervention bienveillante, je m'étais mis pour quelque chose dans l'intérêt qu'elle m'avait témoigné, il n'est pas douteux qu'avertie à temps que je l'avais comprise, elle n'eût hautainement déjoué mes soupçons à son égard, et ne se fût enfermée dans une réserve qui m'eût toujours laissé à ma place.

En général, soit qu'on fasse de l'amour une passion ou un amusement, c'est un malheur ou une faute que de comprendre trop vite les femmes. La peur d'en avoir trop dit les fait reculer quand elles le peuvent encore. Au contraire, tant qu'elles peuvent avancer en s'imaginant qu'elles ne sont pas découvertes, avec confiance, et, à leur insu, elles arrivent à un point où il est aisé alors de les saisir sans qu'elles puissent échapper. C'est ce qui m'arriva, et lorsque je lui dis avec une humilité qui n'était point jouée :

— Vous avez dit, madame, que votre fils avait besoin de moi, je le croirai si vous le pensez, et je tâcherai de justifier votre confiance dans mes faibles talens.

Elle parut étonnée de la froideur de ce remercîment, et me dit avec quelque imprudence, si j'avais voulu la comprendre :

— Vous ne pensez qu'à mon fils, vous !

Le même soupçon qui m'avait agité me traversa la tête comme un éclair : mais il disparut aussitôt, et je répondis directement à ma pensée, et probablement de travers à la sienne :

— Je crois du devoir d'un honnête homme de ne point se distraire des soins qui lui sont imposés.

—Qu'entendez-vous par là ! me répondit-elle, et m'interrogeant de toute la force de son regard, de quelle distraction parlez-vous ?

— J'entends, lui dis-je, madame, que je n'imiterai point l'exemple de mes collègues, qui passent dans les salons et dans les plaisirs du monde le temps qu'ils devraient consacrer à l'éducation de leurs élèves.

Tout le feu de la physionomie de la princesse tomba à cette réponse, et elle répliqua d'une voix presque sombre :

—Vous avez raison, monsieur.

Puis d'un geste faible elle me fit un signe d'adieu, et se retira dans son boudoir. La portière n'en était pas refermée sur elle, que j'entendis la princesse tomber sur un siége et éclater en sanglots; je ne pus me refuser à la lumière que m'apporta cette dernière circonstance, et, plus embarrassé qu'heureux de la découverte que je venais de faire, je me retirai chez moi.

Elle m'aime ! fut le premier mot que je me dis dans ma solitude ; peut-être ! fut le second, et le doute me reprit.

Ce fut un long plaidoyer pour et contre cette passion ; et enfin, fatigué de ne pouvoir ou de n'oser la résoudre à mon avantage, je m'interrogeai sur moi-même.

Je n'aimais pas la princesse, mais je l'estimais à plus d'un titre. A la bien considérer, elle était encore d'une beauté rare. Tout le luxe de sa vie, de sa parure, de son habitation même, rehaussait cette beauté d'un charme indicible. Frêle, blanche, toujours enveloppée des soyeuses vapeurs de la gaze et de la mousseline, languissamment couchée sur les épais carreaux de ses somptueux appartemens, c'était en réalité une de ces suaves créations du burin anglais que j'avais tant aimées; j'ajouterai à cela que cette femme était douée d'une délicatesse toute romanesque. N'oublie pas qu'elle était princesse, qu'aucun nom à la cour de Russie n'égalait l'éclat et l'ancienneté du sien; que sa faveur était immense, et que parmi tous les seigneurs russes et étrangers qui se pressaient dans ses salons, à peine donnait-elle le nom d'ami à deux ou trois des plus nobles et des plus distingués, et tu concevras que la pensée d'aimer cette femme, toujours inséparable de celle d'être aimé, occupa puisamment ma vanité : peut-être n'eût-ce pas été assez ; mais à toutes ces réflexions s'en mêlèrent d'autres plus séduisantes encore. Elle était malheureuse. Pauvre ame étrangère emprisonnée sous un ciel et parmi des cœurs de glace, qu'il serait noble et doux de mettre à ses pieds l'hommage d'un amour dévoué ! Je la pris en pitié. Et puis je me rappelai des bruits sourds, une histoire, à moitié racontée à mon oreille, d'un gouverneur amoureux de la mère de son élève, et disparu à jamais. Les uns contaient qu'il avait été assassiné dans quelque château éloigné du boyard qu'il avait outragé ; d'autres disaient qu'il périssait en Sibérie : je ne sais plus quoi ; mais enfin il avait disparu. Ce souvenir me montra qu'il y avait danger à aimer cette femme, non pas un de ces dangers vulgaires, qui, en France, mènent un amant sur le terrain du duel, et réduisent la grande passion de l'amour à n'exposer un homme qu'aux mêmes chances qu'il peut courir le lendemain, si un fat le heurte dans la rue, ou si un brutal lui dispute la place dans un spectacle. C'était des dangers de mort romanesque, cachée, sans défense, des piéges où pouvait se trouver un esclave avec un poignard, une fête avec un poison ; c'était véritablement un amour dont la vie était le premier enjeu. A voir la chose sous cet aspect, je me serai cru un lâche de ne pas aimer cette femme et je l'aimai.

Aujourd'hui que j'ai appris que mon cœur n'était entré pour rien dans cette funeste passion, je puis aisément t'en décomposer les causes ;

mais alors je m'aveuglai, car je ressentis tous les tumultes, toutes les craintes, toutes les espérances d'un amour véritable.

Faire l'amour de parti pris doit être probablement une chose fort gauche, et il est assuré qu'à moins d'avoir affaire à la naïveté d'une très jeune fille, ou au besoin d'aimer d'un cœur sevré de passion, c'est un rôle qu'on ne jouerait pas long-temps sans être reconnu. Dans cette position, j'avais pour moi, vis-à-vis de la princesse, sa prévention, si ce n'est son amour; cependant je me trouvai fort embarrassé, la première fois que je la revis, pour la ramener au point d'où je l'avais laissée échapper. Je me rappelle que j'épiais comme un sot tous les mots qu'elle me disait, espérant y trouver un double sens, auquel je comptais répondre très adroitement. Mais l'occasion me manqua; il n'y eut pas une réticence, pas un oubli, pas même une distraction dont je pusse tirer avantage. Lorsque je me retirai après cette entrevue, j'étais dépité; ce début fut un nouvel aiguillon à mon amour. Une autre réflexion me poussa plus vivement encore; je supposai contre moi une résolution de vertu et de résistance qui s'appuyait à Dieu. Cette idée éperonna tout ce que j'avais d'incrédule et de véritablement athée dans l'ame, car j'avais découvert que la princesse était dévote, et je mis Dieu de la partie.

Je vis souvent la princesse, et, malgré tous mes efforts, elle égarait toujours notre conversation sur des questions de métaphysique, où j'étais forcé de la suivre. Ma gaucherie était au comble; l'œil fixé sur la route assez directe par où je croyais que tout amour doit passer, je ne voyais pas le détour par où la princesse revenait au sien. Cela dura long-temps; nous marchions tous deux sans nous rencontrer, mais nous devions nécessairement nous voir à quelques pas du but.

Je t'ai dit que je n'ai pas été amoureux de la princesse, et véritablement je ne sais si ce fut de l'amour que j'éprouvai pour elle; mais à l'époque dont je te parle, elle était devenue pour moi une nécessité du cœur et un rêve des sens. Tout me charmait en elle; son esprit s'était dévoilé à moi grand et fort; j'avais vu à nu son cœur passionné; et mes yeux la cherchaient elle-même sous les guimpes et dans les demi-jours où elle s'enfermait. Je la désirais ardemment.

Un jour arriva que j'étais près d'elle assez tard dans la nuit; notre conversation avait roulé sur le malheur de l'exil : chacun de nous l'avait déploré selon son âme et sa position ; et je me rappelle ce que je lui disais :

— De toutes les peines de la vie, ce n'est pas celle qui sans doute frappe les coups les plus violens, mais c'est la plus incessante et la plus douloureuse. C'est la percussion légère mais continue, avec laquelle les bourreaux de l'inquisition finissent par tuer un homme; ce sont les mœurs nouvelles, où l'on se heurte sans cesse, comme dans un labyrinthe obscur; c'est une ville où l'on s'égare, et dans laquelle souvent on n'a pas même un asile pour se reposer; ce sont les mille choses dont on vivait et qu'on ne retrouve plus à sa portée; ce sont d'autres devoirs, d'autres plaisirs, toute une vie à apprendre; ce sont mille pas hasardés, et sur lesquels il faut revenir; c'est la peur de tout, même de son bonheur, et, s'il faut tout vous dire, c'est son cœur, son amour, sa vie dont on ne sait que faire ; car dans certains cas, il y a à l'amour et à la vie du cœur des obstacles si redoutables, qu'on peut craindre de s'y briser et qu'on n'oserait jamais tenter, jamais franchir.

Je ne sais si elle me comprit; mais elle jeta sur moi un regard mêlé d'un sourire presque dédaigneux ; puis elle me dit :

— N'est-ce que cela, monsieur ? une nouvelle vie à apprendre, des obstacles à franchir ! C'est une bien misérable douleur ; c'est l'exil du corps dont vous parlez.

Je la regardai fort étonné ; elle continua avec passion :

— Vous ne savez pas ce que c'est que l'exil de l'âme ; et, pour vous parler votre langage, c'est la douleur incessante d'une substance animée et brûlante, et qui se heurte, à toutes les heures de sa vie, à des cœurs durs et glacés ; c'est comme vous diriez, un étranger dans une ville qu'il ne connaît pas, et qui sait qu'il n'y a point d'asile pour lui, et qui se couche au coin de la borne, sous le vent et sous la pluie, avec le seul espoir que la nuit le cachera à la pitié railleuse des passans. Oh ! vous ne me comprenez pas !

Elle s'arrêta et reprit :

— Vous parlez de cœur et d'amour ; mais vous pouvez aimer, vous monsieur.

— Il faudrait l'oser, madame, m'écriai-je vivement.

Elle ne m'entendit pas ; car déjà elle n'écoutait plus que sa propre pensée.

— Et quel risque courez-vous, reprit-elle, de ne pas être aimé, ou de rencontrer des obstacles de position ou de vertu qui vous empêchent d'arriver ? Mais ils existent partout. Mais ce qu'il n'y a qu'ici, ajouta-t-elle en s'exaltant, c'est une vie garrottée, dès la naissance, à un devoir de fer ; c'est un oiseau pris au nid et pour toujours attaché par le pied à une branche d'où il voit la campagne et l'espace.

Elle s'arrêta, observa comment je l'écoutais, en éprouva une vive impatience, et reprit avec une humeur manifeste :

— Vous ne me comprenez pas encore ; faut-il donc tout appeler par son nom ? Hé bien ! supposons qu'il y ait parmi toutes ces femmes que vous voyez ici, une femme à qui ne suffisent pas les plaisirs étiquetés de sa vie, une femme pour qui il fût insupportable de toujours parler faux et de ne croire jamais ; supposez une femme qui eût besoin d'un ami ; supposez qu'elle aimât ; supposez que ce fût moi ; regardez autour de nous, et dites-moi ce que je deviendrais.

Jamais on ne fut plus buse que je ne le fus. Que veux-tu, je n'aimais pas cette femme, je ne la comprenais pas ; elle marchait de son côté et moi du mien. J'eus la grossièreté de lui répondre, en la regardant avec des yeux ardens :

— Oh ! madame, quelle que soit la surveillance qui vous entoure, l'apparat qui donne un témoin à chaque heure de notre vie, il est des momens qu'on peut dérober à la vigilance la plus active, des momens rapides, mais enivrans.

L'air stupéfait dont elle me regarda arrêta le reste de ma phrase sur mes lèvres. La princesse devint pâle. Si j'avais osé la toucher, je l'aurais trouvée glacée. Il y eut un moment de silence entre nous, et elle me répondit :

— Il y a beaucoup de femmes à la cour de Russie qui ont des amans; c'est chose presque aussi facile qu'en France : des valets trompés ou gagnés, des escaliers dérobés, des rendez-vous secrets, il y en a partout; et même, à l'heure où nous sommes, notre entretien pourrait bien avoir l'air d'un rendez-vous pareil. Je vous remercie de me l'avoir fait apercevoir. Adieu, monsieur.

Je te l'ai dit, je ne l'aimais pas, je ne la comprenais pas. Je me retirai confondu, bien plus, humilié. J'avais beau tourmenter mon cerveau pour m'expliquer cette femme, je ne pouvais y parvenir, c'était comme dans *la Gageure imprévue* : je scrutais les moindres détails de ma position, comme le marquis fait de sa serrure, et j'oubliais la clef; j'oubliais ce que la princesse m'avait, pour ainsi dire, nommé.

Mes visites cessèrent, mais il était écrit que les accidens me serviraient mieux que je n'eusse pu le faire moi-même. A cette époque, j'éprouvai les premiers symptômes de ces maladies qui n'ont d'autre remède que le sol natal, ce malaise qui n'a point de nom, et qui n'a pas d'article dans les dictionnaires de médecine, cette douleur qui n'a pas de siége et qui tue le corps sans qu'on puisse dire que l'esprit soit malade. Ma santé s'en allait tous les jours, et ce dépérissement s'écrivait sur mon visage amaigri.

Quoique je ne fisse plus de visite à la princesse, je la voyais tous les jours à l'heure du dîner. Elle m'aimait bien profondément et bien imprudemment ; car, seule de la famille, elle ne me témoigna aucun intérêt. Je ne le compris pas ainsi à cette époque, et en peu d'heures je défis toute la belle idole que je m'étais créée, et ne vis plus la princesse que comme une femme qui s'amusait à des paroles auxquelles j'avais voulu donner un sens, et dont j'avais insulté l'orgueil.

Ce fut une malheureuse destinée que la sienne ; car tandis que je me la désenchantais ainsi, elle me parait en son cœur de tous les sentimens dont le sien avait besoin. Pour elle, cette maladie, dont on eût pu suivre les progrés sur les degrés du thermomètre, cette maladie, c'était le désespoir; c'était l'ardeur d'un amour forcené qui me dévorait, lorsque je périssais de froid.

Ce fut long-temps après, ce fut dans des mots épars dans la vie, ce fut par des cris échappés à l'angoisse de son ame que j'appris peu à peu ce qu'elle souffrit à cette époque. Pour te les dire, il faudrait te faire un récit de mille choses sans importance, et peut-être même ne comprendrais-tu pas, en les entendant raconter, tout ce qu'ils eurent de lumière et de puissance pour moi.

Long-temps elle prit ma tristesse pour une comédie; long-temps elle crut que c'était ennui; mais enfin elle en arriva au point que je t'ai dit, et alors ce fut un combat, bien cruel pour elle, entre son amour et le mien.

J'avais été sa dernière espérance; après une vie désolée, j'avais été l'asile calme et pur où elle avait compté poser son ame comme sur un autel; elle s'était créé un amour pieux et saint, où tout devait être bonheur et où rien ne pourrait devenir remords. Elle ne voulait pas dégrader cette dernière illusion de sa vie jusqu'à l'amour vulgaire que je lui avais témoigné. Si elle eût souffert seule, peut-être aurait-elle accepté cette suprême déception ; mais j'étais devenu véritablement mourant. La pitié, ce grand auxiliaire des fautes des femmes, s'unit à son amour contre ses résolutions, et elle se décida à me montrer qu'elle me plaignait. Elle fut malheureuse en tout. Le jour où elle se résigna à me parler, j'étais plus souffrant qu'à l'ordinaire ; j'étais aigri par ma douleur, par ma faiblesse à la supporter, par les soins esclaves dont j'étais entouré et que ma mauvaise humeur méconnaissait. Je les eusse traités d'abandon s'ils eussent été moins constans ; et je les appelais importuns, parce qu'ils étaient assidus.

La princesse s'était approchée de moi et me dit :

— Vous souffrez plus qu'à l'ordinaire ; croyez que ce n'est pas pour ceux qui vous témoignent le plus d'intérêt que ce spectacle est le plus douloureux.

J'étais mal disposé, et je répondis aigrement:

— Je comprends qu'ils vous déplaise, madame, et vous paraisse maussade. Je vous épargnerai ce que vous appelez ce spectacle.

Je pense que quelquefois dans ta vie tu as remarqué la perfidie avec laquelle la mauvaise humeur tourne à mal tout ce qu'on lui dit. Les

paroles de la princesse eussent été plus explicites
elle m'eût dit alors ce qu'elle me dit plus tard,
que j'aurais trouvé moyen de lui en savoir mauvais gré. Elle fut confuse et malheureuse de ma
dureté, plus malheureuse que confuse; car elle
crut l'avoir méritée par la sienne. Je ne dis pas
un mot pendant tout le dîner, et le lendemain, je
n'y parus pas. Ce qui pendant deux jours fut le
résultat de ma fâcheuse humeur devint une nécessité le troisième : le médecin me défendit de quitter mon appartement. Le mal s'accrut, et bientôt
mon docteur, à bout de toute sa pharmacopée,
m'ordonna l'air natal. L'air natal, quand on
habite Saint-Pétersbourg ou les colonies, ce sont
les eaux de Plombières quand on habite Paris;
c'est qu'il n'y a plus rien à tirer du malade. On
ne jette pas facilement son bien par les fenêtres:
aussi ce ne fut qu'à la dernière extrémité que
le docteur prononça son arrêt. L'espérance confiante de la princesse s'était traînée sur l'espérance intéressée du docteur; elle avait compté
sur une guérison; elle ne s'était préparée ni à
l'idée de ma mort ni à celle de mon départ : pour
elle, c'était la même chose. A son sens, le mal
que je portais en moi ne pouvait se guérir que
par elle : je mourais d'amour. Alors il lui fallut aussi défaire toute sa belle idole; mais ce

ne fut pas, comme moi, pour la détester, ce fut pour la servir autrement. La pauvre femme crut s'être trompée ; elle s'accusa d'un rêve impossible ; elle chassa de son cœur cette foi à l'union immatérielle de deux ames ; elle redescendit aux exigences réelles qu'elle supposait à ma passion ; elle s'humilia jusqu'à s'offrir à un homme qui ne l'avait jamais aimée et qui ne la désirait plus.

Une nuit, elle vint chez moi ostensiblement, en face de toute sa maison. En France, c'eût été une excuse à une pareille visite ; en Russie, la présence avouée de la princesse dans la chambre d'un homme, et d'un subalterne, fut considérée comme une action dont rien ne pouvait expliquer l'audace. Quand elle entra dans ma chambre, j'étais couché. Depuis un mois qu'elle ne m'avait vu, j'étais devenu d'une pâleur et d'une maigreur affreuses. Mon aspect lui serra le cœur comme un reproche. J'étais si faible que je ne pus la remercier de sa visite, et qu'elle prit mon silence pour un désespoir qui se refusait à toute consolation. Elle était tremblante et timide devant moi ; elle me prit la main et me dit à voix basse :

— Vous mourez, et vous ne pensez qu'à vous !

Tu sais ce que c'est que l'entraînement d'un

rôle joué; on s'y obstine malgré soi, et lorsqu'on n'a plus la force de le continuer, on s'attache machinalement à la circonstance qui vous y traîne encore. Je n'avais déjà plus rien dans le cœur des raisons étranges qui m'avaient poussé à aimer la princesse, et cependant je pris au bond cette parole d'amour pour réengager une partie que je n'eusse plus assurément commencée. Je répondis amèrement :

— Dites plutôt, madame, que personne ne pense à moi.

— Et moi ! me dit-elle avec une larme dans les yeux.

— Vous ! lui répondis-je, vous êtes heureuse, vous êtes une grande princesse si haut placée, si loin de moi, que de si misérables douleurs que les miennes ne peuvent monter jusqu'à vous.

— Oh ! me dit-elle d'une voix tremblante, je souffre; si vous saviez tout ce que je souffre, si vous saviez….

Il y a des momens où l'homme est d'une cruauté et d'une fausseté inexplicables. Je ne haïssais point cette femme, je ne l'aimais pas, je ne souhaitais ni me venger ni l'obtenir, et j'agis cependant comme si j'avais été emporté par l'une de ces passions; je retirai brusquement ma main qu'elle serrait dans la sienne, et je lui dis en détournant la tête :

— Je ne sais pas, madame.

J'entendis les sanglots se heurter dans sa poitrine ; du coin de l'œil dont je l'observais méchamment, je la vis porter tout autour d'elle des regards effarés ; et, malgré la présence de l'esclave qui me servait et de celui qui l'avait suivie, elle se pencha vers moi et me dit d'une voix presque sinistre :

— Eh bien ! Rodolphe, je vous aime.

Je poussai un cri de surprise. Elle crut arrêter l'élan de ma joie, elle me posa la main sur la bouche, en se détournant pour regarder derrière elle. Son mari venait d'entrer dans ma chambre ; il amenait les médecins de la cour pour consulter sur mon état. J'appris plus tard que sa vanité l'avait empêché de s'irriter de la visite de sa femme, et je sus qu'il avait répondu à quelqu'un qui lui en parlait : — Ce sont des idées à elle. J'ai toutes les peines du monde à l'empêcher d'aller voir nos esclaves quand ils sont malades.

La consultation ne fut pas longue ; elle se fit en ma présence et en présence du prince et de la princesse. La conclusion fut qu'il me fallait retourner en France. Le prince était de cet avis.

L'incrédulité de la princesse sur l'efficacité de ce moyen de guérison, la manière dont elle le combattit, me prouvèrent qu'elle croyait m'avoir apporté le souverain remède de mon mal.

— Il entre beaucoup d'ennui, dit-elle, dans cette maladie; eh bien! jusqu'à ce que M. Labié puisse revenir parmi nous, nous viendrons lui tenir compagnie.

J'étais véritablement fort mal, et, soit que ce fût soin de moi-même ou pitié pour l'erreur de la princesse, j'arrangeai une phrase que je crus bien significative pour repousser sa déclaration, et je répondis :

— Il est trop tard, madame.

Elle n'en prit que ce qui lui convenait; pour elle ce mot : Il est trop tard, ne voulut pas dire : Je ne vous aime plus, il signifia seulement : La joie du cœur est devenue impuissante contre la maladie du corps.

— Eh bien! partez, me dit-elle, partez, nous vous attendrons.

Le prince la regardait me parler, elle s'en aperçut et continua :

— Notre fils n'aura pas d'autre gouverneur que vous. Cet enfant vous aime, il vous estime et vous respecte, il vous a compris comme nous; revenez, monsieur.

A cette dernière partie de la phrase, le prince s'était éloigné pour laisser sa femme dire ce qu'il appelait ses utopies et ses idées libérales. Il avait rejoint les médecins, elle prit le moment au vol et me dit tout bas :

— Rodolphe ! pardonnez-moi, et revenez.

J'avais un mauvais démon dans le cœur, ou plutôt cette malheureuse femme était prédestinée à toutes les souffrances. Je lui mentis encore ; et, la dévorant du regard, je lui pris la main fortement et lui dis tout bas :

— Et si je reviens ?

Elle me regarda avec un bonheur dans les yeux qui me perça le cœur.

— Si vous revenez, me dit-elle, oh ! alors...

Elle s'arrêta. Tout son corps frémissait.

— Alors ? répétai-je tristement et en l'interrogeant toujours du regard. On eût dit que son cœur l'étouffait ; elle passa sa main sur sa poitrine comme pour presser l'explosion, et me dit avec un effort inouï :

— Eh bien ! alors, tout ce que tu voudras.

Elle s'enfuit de mon lit, et je ne pus lui répondre.

Le lendemain je m'embarquai sans la voir ; je revins en France, et, pendant plusieurs mois, je ne pensai qu'à ma santé. On m'écrivait souvent de Russie. C'était mon jeune élève qui était chargé de cette correspondance; et dans la chaleur de l'intérêt qu'on lui apprenait à me témoigner, je devinais le véritable auteur de ces lettres. Grâce aux mains par lesquelles mes réponses devaient passer, il était facile de traduire la politesse de mes remercîmens en témoignages cachés d'un amour reconnaissant. Les raisons qui m'avaient fait quitter la France existaient toujours; et dès que ma santé fut rétablie, il me fallut penser à repartir. Je me consultai pour savoir si je retournerais en Russie. Je ne voulais pas tromper la princesse à cette époque, je te le jure sur mon honneur, je ne le voulais pas; mais les circonstances conspirèrent contre moi. Saint-Pétersbourg fut encore le seul exil qui me restât libre. Tu sais pourquoi. Une fois forcé d'y retourner, je fis comme il arrive toujours en pareille circonstance, je trouvai les meilleures raisons possibles pour reprendre la vie que j'avais trouvée insupportable, le rôle que j'avais jugé ignoble; et puis, à te dire vrai, j'arrivai encore à être de bonne foi. Enfermé dans une petite ville du Midi, où j'étais allé respirer l'air chaud de notre pays, j'en avais trouvé les mœurs si étroites, les manières si vulgaires, les femmes si criardes, les conversations si étiques : te le dirai-je enfin ? ces visages mal peignés, ces femmes en vieux chapeaux, qui portaient des socques et des gants de coton, toute cela plaida pour ma princesse si élégante, si suave, si parfumée dans son boudoir de soie, dans ses fourrures d'hermine, dans ses équipages à quatre chevaux : je me trouvais le dernier des sots, le plus imbécile des hommes, je ne méritais pas un pareil bonheur, j'en étais indigne, je ne l'avais pas compris ; j'étais un vrai rustre, je me méprisais d'avoir méconnu ce cœur, cet amour ; et alors j'eus peur de l'avoir perdu ; avec cette peur il me devint un besoin, une nécessité, et je n'étais pas encore rétabli que j'annonçai mon retour à Saint-Pétersbourg. La princesse sut que j'y retournais malade, elle crut que j'y retournais fou d'amour. Qui ne s'y serait pas trompé ?

Un an s'était passé quand j'arrivai à Saint-Pétersbourg. Pendant toute cette année, et pendant quelques mois de ma longue maladie, une enfant que j'avais oubliée était devenue une femme. Sa jeunesse avait fleuri tout d'un coup ; comme, sous les vitres de nos serres, les boutons de cactus s'ouvrent en une seconde et s'épanouissent dans toute leur magnificence. La première personne que je vis, lorsque, entré dans le palais, je me rendis à l'appartement de la princesse, ce fut une belle jeune fille que je crus ne pas reconnaître. Assise à son piano, elle se leva lorsque j'entrai. Une taille fluide, élégante, un visage achevé, calme et souriant, un regard où languissait une espérance, un accueil d'une grâce pleine de dignité, tout cela me surprit le cœur : cette belle jeune fille c'était l'enfant turbulente dont je t'ai parlé; cet ange c'était Douchinka.

Quand sa mère entra, je la regardais encore : quand j'eus regardé sa mère, j'aurais voulu être resté en France : j'avais déjà un crime dans le cœur, car je tremblais comme un coupable. Tout me perdait, ou plutôt tout perdait la princesse. Elle fut heureuse du trouble qu'elle vit en moi, elle l'interpréta en sa faveur. Notre entrevue ne fut que d'un moment, je sortis désespéré.

Laisse-moi te faire comprendre, comme je les ai comprises depuis, toutes les douleurs qui ont dû frapper au cœur l'infortunée qui m'aimait.

C'est un grand tort de croire que dans les fortes passions de l'ame les détails de la vie ne sont que de secondaires événemens : écoute bien ceci. En Russie, à Saint-Pétersbourg, parmi les femmes d'un rang élevé, toutes les actions de la vie ont une heure marquée et donnée à des soins qui ont toujours quelques témoins. L'appartement d'une femme russe n'est ni un harem, ni un gynécée; on y arrive, mais à des heures de convention, mais en passant par des salons, par des antichambres remplies d'esclaves, mais précédé par un valet qui trouve toujours la porte ouverte pour vous annoncer. Je m'étais fait à cette vie; je n'en comprenais point d'autre, là où je n'en voyais point d'autre. Quand j'arrivai ce n'était plus cela. Pendant un an, une femme avait rêvé au moyen d'assurer le mystère et la facilité de son amour, ou plutôt d'un amour auquel elle sacrifiait le sien. Pour cela elle avait dérangé toutes les habitudes de sa vie, qui étaient les habitudes de sa famille et de sa nation. Elle avait éloigné des entours de son appartement ce peuple d'esclaves qui la gardaient des yeux et des oreilles; elle avait habitué son mari à lui voir prendre des heures de solitude, où elle ne voulait pas être dérangée et dont elle ne rendait pas compte : il y avait moyen d'entrer et de sortir de chez elle sans être vu. Tout un an employé à ce résultat, tout un an de ruse, de volonté, d'exigences, de combats, tout un an où elle avait subi l'accusation de caprices fantastiques, et au bout duquel on ne lui avait cédé que comme on le fait à un esprit malade, à une insensée. Insensée et malheureuse en effet, plus malheureuse que je ne puis te le dire; car moi qui lui ai donné toutes ses douleurs, qui les lui ai versées goutte à goutte jusqu'à la dernière, qui les lui ai vu subir, c'est à peine si je les comprends et me les rappelle maintenant, tant elles pénétraient dans son ame par des blessures inaperçues, par des piqûres qui ne saignaient pas.

A partir de ce jour, disparut pour moi la vie monotone que j'avais menée à Saint-Pétersbourg; ce fut une alerte perpétuelle : aucune parole ne m'arrivait indifférente, et je n'en laissais échapper aucune sans en craindre la portée. Je n'eus pas à attendre long-temps l'effet de ma mauvaise foi; le lendemain du jour où j'étais arrivé, je me rendis chez la princesse. Tout était si confus en moi à ce moment, que je ne puis te dire si je n'espérais pas déjà y rencontrer Douchinka; peut-être n'était-ce pas pour la voir, peut-être ne désirais-je sa présence que pour n'être pas seul avec sa mère. Enfin j'allai dans ce salon où je l'avais vue la veille; elle n'y était pas; je la supposai dans le boudoir de sa mère, j'entrai; la princesse était seule. Cette manière inaccoutumée de me présenter chez elle m'embarrassa, elle s'en aperçut et sourit de mon trouble.

— Oh! me dit-elle avec une voix douce comme une promesse de bonheur, avec un sourire dans les yeux et sur les lèvres, oh! tout est bien changé!

Le croiras-tu, toi, faiseur de romans, toi, qui fais état d'étudier le cœur, et qui, grâce à la mode actuelle, l'étudies volontiers par ses mauvais côtés, croiras-tu qu'à ce moment je me sentis du mépris pour cette femme? Je devinai tout ce qu'elle avait fait, je devinai dans quel but; il me parut odieux, grossier, vil; moi qui avais joué la mort pour arriver à ce but, qui avais mis ma vie à ce prix, j'eus la cruauté de méconnaître ce dévouement où elle n'entrait que comme victime, et moi comme vainqueur, et j'eus la lâcheté de le lui laisser voir. C'était une fatalité singulière entre cette femme et moi. Les circonstances que le hasard semblait arranger exprès, ou plutôt que son amour arrangeait lorsque nous étions séparés, la flattaient de l'espoir d'un amour digne d'elle; et, toutes les fois que nous étions réunis, j'apportais immanquablement une déception à cet espoir. Enfin, à ce mot si confiant qu'elle m'avait dit, je me souviens que je répondis cette détestable phrase :

— Je le vois, mais n'avez-vous pas peur qu'on vous soupçonne ?

Je répondais par une observation, par une raison de prudence, par une frayeur même, à ce dévouement si long et si absolu; et je ne m'étais pas même mêlé à cette crainte. — N'avez-vous pas peur qu'on vous soupçonne ? lui avais-je dit. Pour un cœur comme le sien, c'est comme si elle se fût précipitée dans mes bras, et que je les eusse fermés en lui disant : Prenez garde qu'on ne vous voie. Sans doute à ce moment elle ne sentit pas toute la brutalité de ce mot, sans doute elle ne le sonda pas jusqu'au fond, car elle me regarda avec plus d'étonnement que de douleur. Une explication m'épouvantait, je voulais l'éviter à tout prix, et je pensai, pour la détourner, au moyen sur lequel j'avais compté pour la prévenir. A défaut de la présence de sa fille, je lui parlai d'elle.

— Je croyais votre fille ici ? lui dis-je.

Je vis l'ame de la princesse chanceler dans ses yeux; elle fut sur le point de succomber à ce ton froid, à ces réponses inouïes : mais elle se rattacha à une dernière espérance. Dans ce naufrage de tous ses rêves de bonheur elle se reprit à un brin de probabilité. Elle s'imagina que la distance des conditions m'intimidait ; elle qui méprisait souverainement ce préjugé de la naissance, elle me le supposa pour expliquer par quelque chose de vulgaire et de puéril ce qui sans cela eût été épouvantable. Ce fut encore un bienfait de son ame de me sauver l'issue brutale qui menaçait de terminer notre entrevue ; elle espéra du temps, d'une heure peut-être, la disparition de cette gêne, et m'interrogea sur les circonstances de mon voyage. Conçois-tu ce que devait souffrir cette ame toute de délicatesse qui était restée toute une année sur ce mot : « Alors, Rodolphe, tout ce que tu voudras ! » et qui était réduite à m'interroger sur le nom de mon médecin et le nombre de postes que j'avais courues ? Cependant la conversation durait, je répondais haut, vite, mal ; mais je parlais beaucoup, de peur de questions embarrassantes. Toute une heure s'était passée depuis mon entrée ; je regardais la pendule à tout instant, et, en voyant l'heure se passer sans que nous fussions interrompus, je devinais toutes les précautions qu'elle avait prises, je les accusais, je la calomniais, et je ne puis te dire par quel excès d'impatience j'arrivai au comble de la brutalité. C'était la princesse qui me parlait, et son ame retournée en arrière se complaisait dans ses souvenirs ; elle me disait avec quelle anxiété mes lettres étaient attendues, comment on les lisait en famille, comment son fils en était fier, comment le prince lui-même était obligé de les louer, comment sa fille Douchinka en parlait avec chaleur comme du langage d'une ame haut placée. A ce nom je regardai la princesse, et lui dis avec une expression qui ne lui dévoila rien, tant elle était préoccupée elle-même :

— Quoi ! elle aussi ?

— Oui, répondit vivement la princesse, elle aussi, ma fille, ma Douchinka, qui n'est plus l'enfant gâté que vous trouviez si importun, qui est une ame faite, un cœur que vous aimerez.

Je baissai les yeux et me renfermai en moi-même avec ces derniers mots : — Un cœur que vous aimerez. La princesse continua :

— Oui, tous, tous faisaient votre éloge et moi seule en jouissais. Que de fois, en entendant lire vos lettres, je les comparais en mon cœur à ces bouquets de l'Orient, qui pour les yeux indifférens n'ont que de l'éclat et des parfums, mais qui ont une langue d'amour pour celle qui en sait le secret ! Je me retirais seule dans un coin pour n'avoir pas l'air de comprendre comme comprenaient les autres; puis je demandais au pauvre Yvan vos lettres qu'il gardait si bien, et que je l'accusais de laisser traîner partout. J'usais de ruse et de tyrannie pour les avoir; puis, quand je les avais, je disais, pour ne pas les rendre, que je les avais perdues.

C'est ainsi qu'elle me parlait, doucement, le bonheur dans les yeux, en me figurant du geste et de la voix cette scène où elle avait été si heureuse, et moi, moi j'écoutais tout cela comme un importun bavardage. Cette voix ne m'avait dit qu'un mot que j'eusse bien entendu : « Vous aimerez Douchinka, » et ce mot ne finissait pas dans mon cœur. On eût dit qu'il n'était composé que d'un son qui vibrait toujours en se gonflant. Elle m'avait dit : « Vous aimerez Douchinka, » et maintenant que me disait-elle ? Pourquoi me parler encore, qu'avais-je à faire de tout cela ? Sa parole m'était insupportable, elle m'obsédait, m'exaspérait; et, l'interrompant tout à coup, je lui dis :

— Vous ne recevez donc plus personne, madame ?

Elle était trop accoutumée au malheur pour ne pas le comprendre vite. Si tu te rappelles le désespoir de sa désillusion, lorsqu'en réponse à l'amour saint et pur qu'elle avait rêvé, elle ne trouva en moi que l'expression d'un désir presque brutal, si tu te le rappelles, juge l'horrible convulsion de douleur qui dut la saisir, lorsqu'elle découvrit qu'une humiliation de plus ne lui avait valu qu'un outrage de plus. Il y eut un éclair d'une si terrible angoisse dans ses yeux, qu'enfin je m'éveillai de ma barbarie : j'eus pitié d'elle, j'eus cette pitié fatale qui est plutôt une faiblesse qu'une générosité, qui s'épouvante du mal qu'on a fait, et cherche à le consoler, en prévoyant cependant qu'il reviendra plus douloureux encore. J'eus cette pitié qui chez un médecin, consisterait à panser une blessure incurable, tout assuré qu'il est que tôt ou tard il faudra abattre le membre qu'elle dévore. Pitié détestable qui n'éteint pas les douleurs de la blessure, qui laisse longtemps souffrir, pour finir par arracher le mal avec une douleur de plus, la perte de l'espoir qu'on avait eu de guérir. Épouvanté de l'aspect de la princesse, je ne pus le supporter, et lui dis :

— Ho ! pardonnez-moi, madame ; je suis un malheureux, un insensé : je vous aime, mais je souffre; je souffre horriblement.

Ma raison s'en allait, je le sentis; je sentis

que je n'étais plus maître de mes paroles, que dans mon trouble je pourrais indifféremment dire à cette femme que je l'aimais ou que je la détestais. Je n'eus le courage ni de tant de mensonge, ni de tant de loyauté : je la quittai brusquement.

En traversant le salon de musique qui précédait son boudoir, je m'entendis appeler, et sur une galerie circulaire qui tournait autour de ce salon, à une grande hauteur, j'aperçus Yvan. Pour la première fois, je vis ouverte une porte qui, de mon appartement, donnait sur cette galerie. Je demandai brusquement à mon élève qui lui avait permis d'ouvrir cette porte, et il me répondit ingénument que depuis mon départ sa mère avait ordonné qu'elle demeurât libre.

— Mais, si vous le voulez, continua l'enfant, elle restera fermée comme autrefois.

— Oui ! lui répondis-je avec exaltation, fermez-la, fermez-la, et qu'elle ne se rouvre jamais.

L'enfant se retira, et la porte tomba après lui. J'étais demeuré immobile au milieu du salon, atterré par le tumulte de mes idées, mesurant avec effroi toute la signification de cette porte ouverte. J'avais l'œil fixe et la tête penchée, lorsque je sentis une main s'appuyer doucement sur mon épaule. Je crus que c'était la princesse qui m'avait entendu; je me retournai, effrayé de ce qu'elle avait dû éprouver en voyant fermer, par mon ordre et par la main de son fils, cette porte, ouverte par elle et pour moi. Ce n'était pas la princesse : c'était Douchinka, qui me dit avec un doux sourire :

— Nous avions compté que cela vous engagerait à descendre plus souvent dans notre salon de musique.

J'allais répondre, lorsque la princesse entra. A la première parole, je vis qu'elle m'avait entendu, car elle dit, en souriant, à sa fille :

— Il ne faut pas vous étonner de la colère de M. Rodolphe; il a cru que c'était Yvan qui avait fait cette faute.

— Est-ce que c'est une faute? dit Douchinka, puisque c'est vous qui l'avez fait ouvrir.

— Avec tout autre que monsieur, dit la princesse, il en eût peut-être été ainsi ; mais avec lui, c'est moins que rien.

— Ce n'est pas même une imprudence, ajouta-t-elle à voix basse et en s'adressant à moi.

Il y avait dans le ton de la princesse tant de mépris haineux, que j'espérai qu'elle parlait selon son cœur : il n'en était pas ainsi. Un premier élan de douleur l'avait emportée hors de son caractère ; elle s'était cru la force de faire le mal : elle n'avait que celle de le souffrir. L'idée de son mépris, de quelque manière qu'il m'arrivât, me rendit quelque présence d'esprit, et j'essayai d'aggraver son tort, pour avoir un droit à être irrité.

— Je comprends que vis-à-vis de moi ce ne soit rien ; il importe peu à quelle heure et de quelle manière je pénètre ici : on ne prend pas garde à si peu de chose, et on peut bien me permettre la liberté qui est le droit de vos esclaves.

— Oh ! me dit la princesse, vivement et s'approchant de moi, ce n'est pas cela que j'ai voulu dire, monsieur ; je puis être injuste, mais pas assez ridicule pour vous humilier de votre position. Puis elle ajouta tout bas :

— Ce ne sera pas là ma vengeance.

Je rentrai chez moi, et pour la première fois je remarquai le déplacement qu'on avait fait de plusieurs meubles pour laisser libre cette fatale porte. Ce fut alors que je pus considérer ma position avec quelque calme. Tout ce que je puis appeler les raisons raisonnées me disait de partir. Nul doute que la princesse ne devînt mon ennemie ; qu'abandonnée par elle à la capricieuse estime du prince, je ne fusse bientôt en butte à une foule de petites persécutions qui me rendraient mon état insupportable ; mais ce qui parle plus haut que les raisons, ce vague désir qui mène notre vie sans justifier le parti qu'il nous fait prendre, cet instinct inexplicable du cœur me disait de rester. Jamais, à l'époque où j'avais été le mieux placé dans cette maison, je n'avais senti aussi fortement le besoin de ne la point quitter. Enfin, ne voulant pas faire ce qui était raisonnable, et ne pouvant justifier ce qui ne l'était pas, je m'arrêtai à cette résolution des irrésolus, de vivre au jour le jour, et d'attendre du hasard une circonstance qui me dictât mon devoir.

Pendant les huit jours qui suivirent cette misérable scène, je marchai tête baissée. L'expression est vraie dans tous ses sens. Je ne regardais pas plus physiquement que moralement autour de moi. J'écrasais les pieds et le cœur des gens avec qui je vivais. J'éprouvais une sorte d'hébétement féroce qui me poussait en avant. J'émettais les opinions les plus saugrenues que je soutenais avec un entêtement ridicule ; à table, je demandais, je refusais, je buvais, je mangeais, je ne mangeais pas, sans savoir et sans voir : je répondais sans avoir écouté. Deux fois, en levant les yeux, je vis le regard de la princesse qui m'observait avec une sorte de terreur. Qu'imaginait-elle ? Peut-être y aurais-je pensé si je n'avais vu aussi Douchinka me considérer avec une curiosité inquiète. Je devais lui paraître un fou, un brutal. Je m'en sentis furieux. Je haïs la princesse de m'avoir pour ainsi dire forcé à donner à sa fille cette mauvaise opinion de moi. Alors je rentrais mécontent dans mon appartement ; je m'y promenais en poussant des exclamations qui ne s'arrêtaient à rien : il est impossible de rendre par des paroles tous les tumultes de mon ame. Il me prenait des peurs inconcevables. Ce mot de la princesse, *Ce ne sera pas ma vengeance!* m'épouvantait. Que pouvait-elle contre moi ? Me chasser ? Je l'en aurais remerciée alors. Me tuer ? La vie ne m'importait plus. Et pourtant j'avais peur. Le cœur sentait le malheur que l'esprit ne pouvait apercevoir. J'étais comme ces oiseaux de nos côtes, qui battent l'air de leurs cris et de leurs ailes long-temps avant que le plus expérimenté pilote soupçonne l'orage à l'horizon.

Cependant cette vie était insupportable plus long-temps. Je ne sais toutefois quelle issue elle aurait eue, si un coup de foudre qui a remué le monde ne fût venu secouer ma pauvre existence.

J'avais quitté Paris le 15 juillet 1830. J'étais

encore en route quand la nouvelle de notre révolution partit pour toutes les capitales du monde. J'arrivai avant elle à Saint-Pétersbourg. La nouvelle avait fait comme les nuages du ciel qui se poursuivent, s'atteignent, se joignent et éclatent en un seul orage ; partie jour par jour de Paris, l'histoire de chaque jour de cette révolution avait atteint, sur les chemins, l'histoire du jour précédent ; et lorsque nous en fûmes frappés à Saint-Pétersbourg, ce ne fut ni les ordonnances, ni le 27, ni le 28, ni le 29 juillet que nous apprîmes, ce fut le trône renversé, le peuple vainqueur et la vieille famille des Bourbons chassée de France. Saint-Pétersbourg en fut éveillé en sursaut à quatre heures du matin. Aucune misérable bourgade de France n'en fut plus violemment saisie que cette cité d'esclaves et de soldats. Je dormais quand le prince me fit appeler. Il tenait les journaux que l'ambassade lui avait envoyés ; il les avait lus, il ne les comprenait pas, il me demanda ce que cela voulait dire. Sur mon âme je te dis vrai : il me fit lui expliquer ce que c'était que le peuple, un peuple qui se révolte, un peuple qui chasse un roi, qui se bat contre des troupes royales ! Il croyait lire un conte de fées : ils prennent le Code civil pour un roman. Je fus ivre de joie un moment, je ne sais ce que je lui dis. Je le traitai en prince russe, je l'humiliai devant mon grand nom de citoyen français. Je refis en une minute la conquête de toutes les capitales du monde ; et j'entrais en vainqueur à Saint-Pétersbourg avec Murat, avec Ney, avec Napoléon, pour rétablir la Pologne et révolutionner la Russie ; quand la princesse et ses enfans arrivèrent, éveillés avant l'heure par des esclaves qui avaient deviné qu'il se passait une chose grave. C'est moi qui leur appris cette grande nouvelle ; j'arrachai les journaux des mains du prince pour les lire. Je leur expliquais Paris, l'Hôtel-de-Ville, le Louvre, les quais, le Palais-Royal, les Tuileries. Je prenais les mains de la princesse, je lui parlais avec transport ; je parlais de même à Douchinka, ni plus ni moins pour elle que pour sa mère : à ce moment, je n'aimais ni ne haïssais personne ; de la hauteur des sentimens patriotiques où j'avais monté mon ame, tout m'était de niveau au-dessous ; je criais France ! France ! France ! C'est mon pays !!! je pleurais, j'étais fou.

Oh ! les misérables qui demandent compte à la jeunesse de ses délires forcenés et de ses pensées dissolvantes, qui font crime aux uns de conspirer haut le front et de mourir sous le soleil qui les fit vaincre, à d'autres d'inonder la société de leurs récriminations acharnées contre tout lien social; de verser dans leurs livres, dans leurs drames, dans leurs paroles, l'audacieuse négation de ce qu'on a si long-temps appelé devoir : oh ! les misérables qui ont fermé la France et l'Europe aux généreuses croyances de la jeunesse ! ces deux douzaines d'escrocs qui se sont glissés dans le fort politique et ont baissé la herse après eux, ils demandent pourquoi tout s'en va, pourquoi s'en va toute religion, pourquoi tout respect des familles, pourquoi toute sainteté du mariage, pourquoi toute probité, pourquoi enfin rien n'est plus solidement vrai? C'est que la grande promesse des temps n'a pas été fidèlement tenue. C'est que la sainte liberté ne s'est pas trouvée dans la royauté démolie comme une prisonnière au fond d'une autre Bastille. C'est que la révolution de juillet a été un mensonge.

A la colère qui m'emporte, tu dois juger du bonheur que j'éprouvai. Je sortis du palais pour aller courir dans Saint-Pétersbourg. La ville se taisait. J'entrai chez quelques amis. Je trouvai un jeune officier des gardes qui dansait sur son uniforme: il avait emprunté un habit bourgeois, il voulait sortir en bourgeois (un des plus grands crimes russes.); s'il eût trouvé une veste, il l'eût mise pour ressembler à ce magnifique peuple français. Je n'étais pas en disposition de le calmer. Je ne connaissais guère que des jeunes gens, et je ne connaissais guère que ceux qui savent que l'esclavage en Russie date à peine de deux siècles, et que le sauvage pouvoir de Nicolas n'est qu'une insolente usurpation ; je fus émerveillé de trouver chez ceux que je visitai quelque chose de l'orgueil que j'éprouvais comme Français. Mes Russes s'y associaient comme hommes, les pauvres diables n'y avaient pas d'autres droits. Je passai presque toute ma journée à me féliciter. Puis je rentrai chez mon prince ; il rentrait de son côté. Je venais de chez quelques sous-lieutenans, il venait de chez l'empereur, nous avions un air bien différent ; j'étais radieux, il prit un ton rogue.

— Eh bien ! lui dis-je d'un air de confiance.

— Eh bien ! me répondit-il, vous avez fait de jolies choses. L'empereur est furieux.

Je m'imaginai que cela n'y faisait rien. Le jour même, je m'aperçus que cela faisait quelque chose à la France, quelque chose à moi, pauvre Français obscur.

Si je voulais faire de la politique, j'aurais bien des choses à te raconter sur nos ambassadeurs ordinaires et extraordinaires ; mais je réduis toutes mes observations sur notre diplomatie à ce qui me regarde. Huit jours avant celui dont je te parle, tout ce qui était français était choyé, caressé, distingué à Saint-Pétersbourg; huit jours après, nous étions en haine, huit jours encore après en mépris à la domesticité de l'empereur Nicolas. J'eus ma part de tous ces sentimens. Les épigrammes sur le roi bourgeois me torturaient. C'est que l'amour du pays à l'étranger est tout différent de celui qu'on éprouve dans l'intérieur. Ici, vous vous êtes vite séparés du gouvernement qui vous représentait mal, vous imaginant que l'étranger en tiendrait compte; c'est une erreur. En Russie, la France est un nom collectif qui comprend le souverain et le savetier; on ne sépare pas, à cinq cents lieues, le gouvernement du peuple. Quand le gouvernement est traité de lâche, le peuple est souffleté, quand le souverain passe pour ridicule, le peuple se trouve un pasquin. J'entendais tout cela, je m'en indignais, je me récriais, on me battait par de bonnes raisons, on me battait encore plus par ces mille insolences qui n'autorisent pas un homme à demander raison et qui l'insultent par tous les endroits.

Ce que je t'ai dit du prince doit te faire deviner que ; du moment que l'empereur eut témoigné qu'il trouvait mauvais que la France eût remué sans sa permission, celui-ci s'arrangea pour être de son avis, et ce fut par l'impertinente froideur qu'il me montra qu'il manifesta cette opinion. Tout cela avait duré quinze jours, pendant lesquels j'avais soutenu le combat, espérant de chaque courrier une mesure d'énergie qui me vînt en secours et m'apportât un argument. Pendant ces deux semaines, je n'avais guère pensé à mon cœur, et cependant je l'avais laissé s'engager dans un sentier que peut-être, plus calme, j'aurais craint d'aborder. Voici un des plus inexplicables momens de ma vie.

Tous les soirs, autorisé par l'intérêt des nouvelles du jour, je descendais à ce salon de musique, où la famille se réunissait quand nous étions seuls ; l'indifférence de la princesse vis-à-vis de moi, l'intérêt de son ame, qu'elle semblait avoir dirigé exclusivement vers ces idées de liberté sur lesquelles nous pouvions nous entretenir sans nous blesser, tout cela m'avait rassuré, et je m'étais accoutumé à ce bonheur de tous les jours, à ces entretiens intimes, où la politique tenait une si grande place, que je me figurais que je n'y cherchais pas autre chose.

Parmi toutes les circonstances de cette révolution que je cherchais à faire comprendre à la princesse et à sa fille, elles avaient souvent remarqué l'enthousiasme excité par *la Marseillaise*. Un soir elles me demandèrent si je la savais, et voulurent l'entendre. Je me mis au piano ; je la chantai. La princesse était assise en face de moi, sa fille était debout à mon côté. Au second couplet, Douchinka savait le refrain, et le répétait avec moi à la fin du chant ; elle y mettait une énergie qui semblait épouvanter sa mère qui la regardait avec anxiété.

Oh ! que cette circonstance semblera sotte et ridicule aux grandes dames de nos petits salons parisiens ! Comme elles poufferont de rire à l'idée d'une femme chantant *la Marseillaise* avec un éclat et une chaleur qui me faisaient tressaillir ! Quelque associée d'agent de change demandera si ce n'était pas une marchande de pommes ? Et c'est ici que je voudrais que tu sentisses comme moi combien les lieux modifient la portée des moindres choses ! Véritablement, en France, à Paris, une jeune fille chantant *la Marseillaise* à un piano, ce serait une grosse réjouissance d'un quart-d'heure qu'il ne faudrait pas recommencer tous les jours, sous peine de ridicule ; mais dans ce palais de prince, cette fille de prince, cette maîtresse de tant d'esclaves ; mais loin de notre France, cette fille de la Russie me chantant la chanson de gloire de mon pays, cette noble et suave créature prêtant sa voix du ciel aux rudes accens de l'hymne de la patrie, cela, rien que cela, c'était un charme indicible, enivrant ; et quand je la contemplais, le front haut, l'œil élevé, le sein haletant, chantant et criant liberté avec une sorte d'ardeur extatique, je la voyais comme une de ces blanches valkiries de la vieille théogonie du Nord présidant au combat, et excitant le courage des guerriers. Elle me devenait une divinité.

C'est alors que j'appris ce que signifiait pour elle et pour moi cette union de nos voix dans un même chant ; c'est alors que je démêlai dans cette âme céleste pourquoi elle allait demander à la chanson d'une nation étrangère le droit de crier liberté ! Sa mère ne s'y était pas trompée, sa mère nous observait. J'avais été témoin des efforts de la nature pour arracher la jeunesse de Douchinka aux liens trop tôt dénoués de son enfance. Je ne me doutais pas que c'était le tour de son âme, et que d'autres sentimens que ceux que je lui croyais, et pour lesquels elle voulait être libre, parlaient dans cette invocation à la liberté.

Un jour nous étions réunis dans ce salon, et là, comme c'était notre coutume, nous chantions ensemble, nous chantions *la Marseillaise;* le prince entra, il nous écouta quelque temps avec impatience, puis il finit par nous dire brusquement:

— Vous avez un grand amour de musique depuis quelque temps? La princesse était présente, elle se tut et nous regarda.

— Mon père, dit Douchinka, est-ce donc mal de chanter ensemble?

Si le prince n'eût été sous l'influence d'une préoccupation de courtisan, il eût pu, dans cette question, trouver matière à comprendre et à faire cesser sans retour ce qui lui déplaisait; mais il ne pensait qu'au but présent, et il répondit avec humeur :

— Il me semble, au moins, que vous devriez avoir assez de cette chanson de jacobins!

— Eh bien! dit Douchinka toute joyeuse, nous chanterons autre chose.

Une larme, que je vis border la paupière de la princesse, m'en dit plus que cette réponse de Douchinka. La soirée se finit sans que j'osasse regarder en moi-même. L'alarme que j'avais éprouvée à la première observation du prince, la joie que je retrouvai à la réponse de Douchinka;

me confondirent. O faiblesses inexplicables de l'ame, misères de la vie du cœur! Croiras-tu jamais à quoi je passai cette nuit? A me consulter sur ce que je sentais, n'est-ce pas? comme j'avais fait un an avant; à réfléchir à mon avenir? Crois-tu que je pensai à ma position précaire en Russie, devenue plus précaire que jamais, par la haine qu'on portait au nom français? Oh! non, non, ces misérables soucis de la raison ne me vinrent pas même à l'esprit. Il y avait en moi une nécessité bien autrement impérieuse, une nécessité à laquelle il fallait satisfaire, pour un jour, pour une heure peut-être; une nécessité comme la soif, comme la faim, qui s'attaque à tout pour le besoin du moment; n'importe, c'était un jour, c'était une heure. Je passai la nuit à composer une chanson sur l'exil de Henri V. Je fis les paroles, je fis la musique, je l'écrivis, je la copiai, et, le soir même, je l'essayais, avec Douchinka, au piano du salon de musique, sous les yeux du prince, qui riait de la versatilité du peuple français; sous ceux de la gouvernante allemande, qui s'émerveillait de mon *atmiraple dalent*, et sous le regard de la princesse qui souffrait. Quand le prince fut sorti, Douchinka courut à sa mère qui était seule dans un coin du salon, et lui dit:

— Maman, remerciez M. Rodolphe; on dirait qu'il a deviné combien vous aimez à l'entendre, et c'est d'autant plus aimable à lui d'avoir fait cette chanson, que, pour flatter mon père, il a sacrifié ses opinions à votre plaisir.

La princesse sourit amèrement en me regardant; la rougeur venait de me monter au front. Je ne savais comment expliquer cette misérable chanson. Au fort de la fièvre que me donnait l'idée de ne plus revoir Douchinka, de ne plus chanter avec elle, j'avais couru au moyen qui me paraissait le plus sûr pour me garder ce bonheur, pour me le faire presque commander par la sotte admiration du prince pour les exilés d'Holyrood. Je n'avais d'abord vu là-dedans qu'une ruse d'amour; le peu de mots de Douchinka m'avaient mis ma folie à nu, et puis quelque chose de plus poignant peut-être que le démenti donné à mes propres opinions me rongeait au fond : c'est que Douchinka dédiait à sa mère cette complaisance de mon cœur, et n'en gardait rien, elle pour qui tout avait été fait. J'étais confus, triste, courroucé; je balbutiai avec un mauvais ricanement :

— Oh! c'est un jeu! une plaisanterie!

La princesse me regarda d'un air indéfinissable ; il y eut dans sa physionomie un combat de de sentimens amers qui finit par se faire jour dans une parole lente, mais fortement appuyée; elle me répondit :

— Si les opinions politiques d'un homme lui sont une plaisanterie, il faut lui pardonner de se faire un jeu de tout.

— Madame ! m'écriai-je vivement, vous ne me supposez pas assez lâche pour....

La princesse me regarda encore; je m'arrêtai, car j'allais lui répondre sur ce que sa fille devait ignorer, sur ce qui n'avait de confident qu'elle et moi.

— Assez lâche pour quoi ? me dit-elle, pour avoir fait cette chanson ? Je ne le crois pas. Aussi je suis persuadée qu'elle n'est pas de vous.

— Oh ! si, s'écria Douchinka d'un ton triste, elle est de M. Rodolphe, et c'est pour cela que je la trouve charmante.

— Elle est surtout admirablement sentie, dit la princesse; c'est bien l'expression d'un cœur qui pense sérieusement ce qu'il dit, qui aime sincèrement ses princes exilés.

— Oh ! vous êtes bien méchante, maman, dit Douchinka en faisant une petite moue charmante à sa mère; M. Rodolphe n'a fait cela que pour nous, et vous devriez lui en savoir gré.

— Je ne puis lui savoir gré d'exprimer avec chaleur ce qu'il sent si vivement; c'est si naturel! répondit la princesse en me raillant de la tête aux pieds et m'accablant de son air de mépris.

C'était trop. Je rompis la glace, je risquai tout ; je regardai insolemment la princesse et lui dis en face :

— Vous avez plus raison que vous ne croyez, madame. Jamais romance ne fut l'expression d'un sentiment plus vrai ; et si vous vouliez la comprendre, vous jugeriez qu'il n'y a qu'un amour bien puissant qui ait pu me la dicter.

La princesse ne me répondit pas, tant elle fut stupéfaite de mon audace. Douchinka n'y vit pas autre chose qu'un amour-propre d'auteur, et elle s'écria :

— Eh bien ! je la prends pour moi.

Je me sentis heureux ; je triomphai. La princesse était froide et pâle.

— Je la chanterai, continua Douchinka, à la première réunion que nous aurons, et comptez sur moi, M. Rodolphe ; je vous en ferai honneur.

Tout mon remords me reprit, et la princesse triompha à son tour; elle me jeta son triomphe au visage en disant doucement :

—Vous ferez bien, ma fille, et je suis assurée que cette romance fera beaucoup d'honneur à monsieur.

Je me retirai malheureux, ne sachant que résoudre, que devenir, désespéré de ce que j'avais fait et sans courage pour le détruire. L'espérance que Douchinka me comprendrait me retenait de reprendre cette romance, de la déchirer et de l'anéantir. Oh! ne souris pas de mes douleurs d'alors pour si peu de chose; je te le répète encore, ici une action pareille eût passé inaperçue; mais dans ma position, elle avait une portée que tu ne peux sentir. Si petit qu'on soit à l'étranger, on porte avec soi une part de la dignité de sa patrie, et lorsqu'on compromet son propre caractère, on fait tort au nom de son pays. L'idée que le lendemain on dirait partout qu'un Français, de ceux qui s'étaient enthousiasmés sur la révolution, avait renié les opinions qu'il avait montrées la veille, cette idée m'était effroyablement odieuse; car ne t'imagine pas qu'on raconte de pareilles anecdotes avec le nom propre. Ce n'est pas M. Rodolphe Labie qui eût été coupable : c'est un *Français*; un *Français!* comprends l'étendue de ce mot à cinq cents lieues de la France! Moi qui avais tant souffert de l'indignité de quelques-uns de mes compatriotes, moi qui, pour les exciter à bien vivre, leur avais fait sonner bien haut à l'oreille ce mot : Pensez que vous êtes Français, ce mot que vous ridiculisez dans vos vaudevilles, et qui nous semblait si saint à quelques-uns qui avions tâché jusque là de le maintenir en honneur, moi j'allais le mettre encore à la merci d'une impertinence russe. Et à propos de ceci, je les ai vus représenter à Saint-Pétersbourg, ces turpitudes impudentes, où l'on a mis pour dernier terme de sottise dans la bouche d'un drôle, ces mots : *Je suis Francès*. On les jouait sur le théâtre impérial, où l'on ne rit jamais, et où l'on riait ce jour-là de mépris pour nous; et lorsqu'il nous arrivait, à nous, d'élever la voix pour protester contre ces ignobles parodies, on nous répondait :

— Ce ne sont pas les Russes qui disent cela de vous; ce sont vos compatriotes. Ce n'est pas notre faute si vous vous méprisez vous-mêmes.

Que dire à cela ? Répondre en reniant les auteurs de ces sottises. Il nous eût fallu renier aussi les mille journaux qui les approuvaient, les cent mille spectateurs qui allaient y applaudir. Pauvre France, à qui ses enfans crachaient ainsi au visage ! Et moi, j'allais aussi apporter à ce noble pays révolté, en butte à la calomnie et à l'outrage des barbares, j'allais lui apporter ma part de désertion. Oh ! j'étais fou ; et la femme qui m'avait fait honte de mon crime, car c'en était un, cette femme m'était odieuse, et je n'accusais pas celle pour qui je l'avais commis. Cependant le remords l'emporta. Je cherchai un moyen de réparer mon imprudence; je le trouvai. Je pensai à cette porte qui ouvrait sur la galerie qui dominait le salon de musique. On pouvait y descendre par là. Je me décidai à m'y glisser quand dormirait tout le palais, à prendre cette romance, à la soustraire, et puis à laisser chercher comment elle avait disparu, à me refuser à en donner une autre copie, et j'espérais qu'ainsi elle tomberait dans l'oubli et qu'on n'en parlerait plus.

Quand une heure du matin sonna, j'entr'ouvris doucement cette porte, que j'avais ordonné à Yvan de fermer à jamais. C'était la faute d'un amour bien malheureux qui l'avait ouverte : ce fut la faute d'un amour déjà coupable qui la rouvrit. J'étais tremblant lorsque j'avançai sur cette galerie; je regardai dans le salon; mais la faible lueur de ma bougie, interceptée par le pied même du flambeau, ne jetait pas assez de lumière pour descendre jusqu'au parquet. Je ne vis rien ; je descendis rapidement ; j'allai plus rapidement encore jusqu'au piano, je cherchai sur le pupitre, sur l'instrument, dans le casier, et je dis tout haut, sans m'apercevoir que je parlais :

— Elle n'y est pas!

— Non, elle n'y est pas, dit une voix à côté de moi.

Je me retournai épouvanté, et vis la princesse debout à côté de la portière qui séparait son appartement du salon. Sa vue me rappela tout ce que j'appelais mes griefs contre elle, et je lui dis :

— C'est vous qui l'avez prise, madame.

— Moi? me dit-elle d'un ton amer.

— Oh! m'écriai-je vivement, ne croyez pas que ce soit par un sentiment de vanité que je le suppose. Je sais que vous me haïssez, que vous me méprisez peut-être, et je comprends que vous vous soyez emparée d'une arme si puissante contre moi; mais enfin, madame, cette romance est à moi, on ne peut me la dérober ainsi, on ne peut la rendre publique sans violer toute confiance : ce serait une lâcheté, une calomnie, une dénonciation.

La princesse se taisait et me laissait parler. Ce silence m'exaspéra tout-à-fait.

— Oh! repris-je, madame, il faut me la rendre, il le faut; je saurai bien vous y forcer.

Elle se tut encore.

— N'oubliez pas, madame, que je puis dire tout ce qui m'a été dit, que moi aussi j'ai des secrets à divulguer qui peuvent perdre ceux qui me voudraient déshonorer. Madame, me comprenez-vous? Il faut me rendre cette romance.

Je m'arrêtai encore, espérant une réponse. La princesse me regardait toujours, immobile à sa place. Elle avait un mot à me répondre; mais la malheureuse comprenait peut-être toute la joie qu'il me donnerait et elle ne se sentait pas la force d'en subir la torture. J'étais hors de moi.

— Oh! madame, m'écriai-je, voilà donc la vengeance que vous vous étiez promise? Eh bien, malheur à vous! J'en trouverai une qui vaudra la vôtre. N'oubliez pas que c'est par votre ordre que cette porte a été ouverte. Me comprenez-vous enfin?

La princesse me répondit alors.

— Vous êtes un infâme, me dit-elle froidement.

— Eh bien! m'écriai-je en rougissant de ma fureur, rendez-moi cette romance, je vous en supplie, je vous le demande en grâce : par pitié, rendez-la-moi.

— Ce n'est pas moi qui l'ai prise, me dit doucement la princesse.

Elle rentra chez elle et me laissa anéanti.

Parce que ma romance avait été prise, peut-être penses-tu que je me crus perdu ? Non.

Le premier cri qui retentit en moi, à ce mot, fut un cri de joie inouïe.

— C'est Douchinka ! me dis-je en moi-même, et je me sentis battre le cœur d'un bonheur ineffable, d'une espérance enivrante.

Ah ! qu'elle me sembla noble, grande, adorable, cette jeune fille qui pour moi oubliait son haut rang, où elle était si loin de moi ! ah ! quelle ame je lui devinais ! quelle reconnaissance je lui devais ! quel respect pour cette virginale confiance ! quel dévouement absolu pour cette attention qu'elle faisait à moi, pauvre exilé ! Je tombai à genoux, et à genoux je dis tout bas :

— O Douchinka ! merci, merci, Douchinka !

Oh ! quelle funeste passion que l'amour ! Cette nuit je ne dormis pas et je veillai sans remords.

Le lendemain, la princesse était malade ; sa fille passa la journée près d'elle. Je ne les vis point. Je fus assez malheureux pour retrouver le pouvoir de réfléchir. Ces réflexions ne me menèrent qu'à douter de l'intention de Douchinka. Ce que j'avais pris pour un intérêt qui m'était personnel n'était peut-être qu'un enfantillage. D'abord quelques jours se passèrent sans que je pusse rien apprendre.

Le prince était allé passer une semaine à un château impérial. On me servait dans mon appartement. Je ne pus y tenir plus long-temps; je fis demander à la princesse la permission de la saluer pour avoir des nouvelles de sa santé. Je me confesse à toi de tous les mauvais sentimens qui sont dans le cœur d'un homme. La raison m'était un peu revenue, et je comptais que cette malheureuse romance était restée dans les mains de Douchinka. Du moment que je doutais qu'elle pût servir à mon amour, je ne voulais plus qu'elle nuisît à ma réputation ; et sais-tu qui je rendais responsable en moi-même des torts que j'en pourrais subir ? La princesse, à qui je créais des devoirs de mère, et qui devait empêcher sa fille de faire des imprudences qui la compromettraient pour rien. Pour rien : remarque ce mot. Si cette jeune fille eût voulu se perdre pour moi, j'aurais maudit sa mère si elle eût voulu me faire obstacle ; j'aurais pensé que c'était vengeance si elle l'eût fait alors, et je pensais que c'était vengeance, parce qu'elle n'avait rien empêché. Oh! je comptais bien lui faire querelle de mes ennuis, de quelque côté qu'ils me vinssent, et j'avais assez maladroitement calculé que la princesse éloignerait Douchinka si elle me permettait de pénétrer chez elle. Un esclave vint m'avertir qu'on m'attendait. J'allai chez la princesse; j'entrai. Elle était étendue sur un divan; sa fille était à côté d'elle. Il me parut qu'elle craignait une explication, et j'en conclus qu'elle m'avait rendu quelque mauvais service. Elle me salua tristement; je fis le révérencieux et m'approchai lentement. Douchinka avait un petit air d'humeur, moitié gai, moitié chagrin; elle me regardait en dessous, et finit par me dire en riant :

Ah! vous avez grand tort de vous intéresser à cette méchante.

Elle alla s'asseoir à côté de sa mère, et l'embrassa en la caressant et en lui faisant une petite mine lutine.

— Vous ne savez pas ce qu'elle a fait. Mon père m'a demandé une copie de votre romance pour la présenter à l'empereur et la faire arranger pour la musique du premier régiment de la garde : eh bien ! maman n'a pas voulu que j'y misse votre nom, et elle a fait promettre à mon père de ne pas vous nommer. N'est-ce pas que c'est bien mal ?

Oh ! que je me sentis humilié et repentant ! je n'osai regarder la princesse. Je ne me sentis pas le courage de la remercier ; j'étais trop battu, trop indigne de tant générosité.

— Pourtant, me dit Douchinka, j'avais bien arrangé cela. Voyez, ajouta-t-elle en se levant, voyez comme c'était bien.

Elle prit, et me remit une feuille de musique. Il y avait écrit en tête, avec un soin particulier, d'abord le titre de la romance, puis plus bas : « Paroles et musique de M. Rodolphe Labié, dédiée par l'auteur à la princesse Douchinka C. »

— Et madame votre mère, dis-je avec l'espérance de trouver à lui en vouloir, madame votre mère a effacé tout cela ?

— Mais non, me répondit Douchinka, elle a effacé votre nom, voilà tout. Elle sait bien que c'est pour moi que vous avez fait la romance. Moi, je n'y perds rien, il n'y a que vous de sacrifié. Car, voyez-vous, quand, à la parade, on fera défiler les troupes sur l'air de l'exilé d'Holy-Rood, on dira : C'est la romance de la princesse Douchinka C..., et personne que moi ne pensera à vous.

— Oh ! m'écriai-je les larmes aux yeux, c'est assez... c'est tout...

— Moi aussi j'y penserai, dit la princesse, si je l'entends jamais, si la maladie qui me tient me laisse encore un jour de force pour assister à quelque grande pompe militaire.

Je regardai alors la princesse. Quelques jours l'avaient cruellement changée.

— Oh ! s'écria Douchinka, ne parlez pas ainsi, maman ; vous guérirez bien vite, vous viendrez entendre avec nous la belle romance de votre fille ; et puis nous vous la chanterons. Tenez, je vais faire porter votre piano ici.

— Non, non... dit vivement la princesse, non... la musique me ferait mal... je n'aurais pas la force de la supporter... Plus tard... plus tard...

Et se cachant la tête dans les coussins de son divan, elle se laissa aller à des larmes et à des sanglots abondans.

— Oh, mon Dieu ! me dit Douchinka, je ne sais pas ce qu'a ma pauvre maman ; mais elle est bien malheureuse, M. Rodolphe ; mon Dieu ! si elle voulait me dire ce qui lui fait mal, je la consolerais : nous la consolerions, n'est-ce pas ? Maman, maman, ajouta-t-elle en se mettant à genoux devant elle, parlez-nous. Je vous aime tant ! M. Rodolphe aussi vous aime.

La princesse se détourna, ses sanglots redoublèrent et devinrent presque convulsifs.

— Oh! reprit Douchinka, vous ne m'aimez donc plus?... Et moi aussi je vais être bien malheureuse, si vous ne m'aimez plus.

La princesse se souleva, regarda sa fille, et lui ouvrant ses bras elle l'y tint long-temps embrassée avec force. Ses larmes se calmèrent pendant ce temps : elle les ramena toutes à elle, car elles faisaient mal à un autre en se versant au dehors, et enfin, d'une voix où il y avait quelque chose d'exalté et de résigné en même temps, elle dit à Douchinka :

— Pauvre enfant! non, tu ne seras pas malheureuse, tu ne le seras pas, si Dieu me permet de disposer de ton bonheur.

Crois-tu que si je me fusse mis à genoux devant cette femme et que je lui eusse demandé pardon comme un enfant à son père irrité, crois-tu que je lui eusse fait bien au cœur ? crois-tu que si je lui eusse offert de partir et de la délivrer de mon odieuse présence, cela l'eût un peu consolée ? crois-tu que si, subjugué par tant de noble clémence, j'eusse enfin reconnu que là était l'ame qui aimait, crois-tu que, revenue à elle, j'eusse cicatrisé la blessure que j'avais faite ? Je ne sais pas, moi. J'étais confondu, brisé, anéanti; j'étais si petit devant elle, elle avait si bien sur moi la supériorité d'un cœur mystérieusement céleste, que j'acceptai cette promesse de bonheur pour sa fille, comme l'assassin reçoit sa grâce de sa victime, comme Zamore accepte le pardon de Gusman sans comprendre la religion qui le lui ordonne et dont il n'est pas. Je n'étais pas de l'ame de la princesse ; elle appartenait à une meilleure, à une plus haute nature que la mienne.

A partir de ce jour, l'histoire de ma vie n'est presque plus qu'un doute qui n'est pas encore dissipé. Elle se trouve enfermée entre deux grands événemens, dont le premier a été pour moi une loi de fer, et le second une explication que sa solennité n'a pas encore sauvée dans mon cœur d'un soupçon de vengeance et de ressentiment. Tu remarqueras peut-être que j'appelle grands événemens de très petits incidens, selon la politique de la vie romantique qui a cours aujourd'hui ; comme les Parisiens nomment le petit monticule où est le Panthéon, la montagne Sainte-Geneviève. Mais relativement à ce qui fut l'intérêt de ma vie entre ces deux époques solennelles, les deux circonstances dont je te parle furent véritablement de grands événemens. Il faut d'abord te parler du premier. Ce fut quelque temps après la scène que je viens de te raconter qu'eut lieu l'entretien qui a réglé ma conduite.

Je te l'ai déjà dit et je dois te le rappeler, depuis que l'empereur Nicolas avait exprimé son mécontentement contre la France, depuis qu'il avait reçu M. Athalin avec la morgue d'un professeur à qui les plus humbles d'une classe d'écoliers viennent demander grâce, depuis qu'il avait publiquement insulté aux égards usités en pareille occasion, en recevant de la main de l'aide-de-camp de Louis-Philippe la lettre du roi des Français sans la lire, c'était une émulation parmi les courtisans à qui dénigrerait la France. Mon prince ne s'en faisait faute, et nos repas étaient devenus une perpétuelle discussion. Il me pardonnait volontiers mon emportement sur ces matières, en m'excusant sur ce que j'étais partie intéressée et par conséquent aveugle. Mais tout à coup il rencontra près de lui un adversaire sur lequel il ne comptait pas, cet adversaire était Douchinka. Te dire que ce qu'elle aimait de la France dans le secret de son cœur, était la même chose que ce qu'elle en défendait, je n'en sais rien encore; mais, par une sorte d'obstination que rien ne pouvait lasser, elle ne laissait passer aucun mot du prince contre notre pays qu'elle ne le relevât avec soin, souvent avec amertume, quelquefois avec colère, et il arrivait alors que de la défense de la France elle passait à l'accusation de la Russie. Dans ces momens d'exaltation elle avait une verve d'indignation et de moquerie qui écrasait le prince. Tu comprendras maintenant, et par cet exemple, combien l'éducation des femmes dans ce pays est antipathique à la vie qu'elles doivent mener. Pour le plus grand nombre, ce qu'elles apprennent ne sert à autre chose qu'à parler de tout dans un salon avec une certaine supériorité. Jamais il n'est arrivé à un Russe de prévoir que quelqu'un eût envie de mettre en pratique ces maximes d'égalité et de liberté qu'on laisse apprendre à la jeunesse. Le dernier ukase de Nicolas, qui interdit à la jeune noblesse russe de suivre les cours des universités étrangères, te prouve que ce danger, particulier à quelques ames privilégiées, a commencé à se généraliser. Ce que je vais te dire est un peu dix-septième siècle chez nous, mais c'est l'histoire contemporaine russe, avec la barbarie de ses formes de plus qu'en France.

Une jeune veuve, la comtesse L......, était

fort éprise d'un jeune officier des chevaliers gardes. La comtesse avait une immense fortune en terres ou plutôt en esclaves : mais la volonté de l'empereur l'empêchait de la faire partager à son amant. Le chaste Nicolas avait défendu le mariage. Tu n'ignores pas qu'il est presque impossible à un Russe de réaliser sa fortune sans la permission de l'empereur. Dès que celui-ci s'aperçoit qu'un de ses sujets cherche à se faire des ressources qu'il peut emporter à l'étranger, il interpose sa volonté suprême et attache le propriétaire à sa glèbe comme l'étaient autrefois nos serfs. Il n'est permis qu'au vice d'aliéner ses terres, celui que le jeu ou la débauche a ruiné, peut vendre ce qu'il possède, parce qu'après liquidation, la misère le garde à son maître. La comtesse, qui savait cela, emprunta sous prétexte de dépenser ; elle acheta des bijoux, des diamans, tout ce qui pouvait être compté en dépense dans le luxe d'une femme jeune et belle. Puis lorsqu'elle eut amassé des valeurs suffisantes pour vivre médiocrement hors de Russie, elle se résolut à partir secrètement avec son jeune officier, en abandonnant deux ou trois cents mille roubles de revenu à ses créanciers et à la confiscation impériale. Toutes les mesures furent prises avec une précaution de prisonnier, une patience merveilleuse, une persistance admirable; c'est l'histoire de Latude avec cinq cents lieues de prison autour de lui, et des millions d'habitans pour espions. Ce fut un bien misérable motif qui fit tout découvrir. Le jeune officier se faisait malade depuis un an ; il s'infectait l'estomac de vinaigre, il se brûlait les yeux à regarder le soleil. Il était arrivé à être étique et presque aveugle. Il surprit par ce moyen un passeport à la police russe sous prétexte d'aller se rétablir aux eaux d'Aix-la-Chapelle. Une fois armé de ce passeport, il prépare tout pour son départ. Un domestique devait le suivre, ce domestique n'était autre que la comtesse déguisée. Une livrée avait été faite pour un jeune esclave de sa taille, une perruque noire commandée par un ami chauve. On avait triomphé de tout : la comtesse ne put triompher d'un mouvement de coquetterie féminine. La livrée lui allait assez bien, mais la perruque la rendait laide. A trois lieues de Saint-Pétersbourg, elle avait quitté sa perruque ; à quatre lieues, le premier officier de police venu la trouva trop jolie pour être un homme, et par cela seul que le passeport portait un officier et son domestique et que le domestique était suspect, le policier arrêta tout et expédia sa prise à Saint-Pétersbourg. La dame fut chassée de la cour, l'officier exilé, et le chaste Nicolas fut décrété d'admiration nationale par tous les maris de la Russie.

Or, le prince C..... nous racontait cette aventure avec un cortége de grossièretés sur la pauvre comtesse. La princesse la plaignit doucement, mais sa plainte ne portait guère que sur le malheur qui avait empêché la fuite des deux amans. Tout à coup, Douchinka, qui avait écouté son père avec impatience, et sa mère avec pitié, s'écria impétueusement :

— Ce n'est pas cela qui est affreux, maman, c'est de vivre dans un pays où une femme n'est maîtresse ni de sa fortune, ni de sa vie. Qu'on lui prenne sa fortune, soit, encore; mais qu'on lui interdise l'exil et la pauvreté, c'est la barbarie la plus honteuse qui puisse peser sur une créature humaine.

— Que dites-vous là, ma fille? s'écria le prince, stupéfait de ces idées dont il n'avait pas d'idée.

— Calmez-vous, Douchinka ! dit la princesse doucement et comme pour retenir l'élan d'une pensée qu'elle comprenait et qu'elle savait exister au fond du cœur de sa fille.

La discussion fut vive, elle devint violente. Il est inutile de te la rapporter. Elle retomberait pour toi dans des lieux communs usés depuis des siècles chez nous et qui, à Saint-Pétersbourg, sont d'une nouveauté souverainement audacieuse. Le prince s'écriait que la comtesse se serait dégradée en épousant un petit officier. Douchinka lui demandait s'il n'était pas honnête homme, brave, etc. Le prince répliquait que c'était un homme de rien. Sa fille lui demandait si la naissance était préférable à la vertu, à l'honneur. Le père finit par dire :

— Tout cela est bon dans les livres, mais ce sont des folies indignes d'une ame un peu noble.

Tu vois dans quel cercle de vieilles récriminations s'enfermait la discussion. Douchinka exaspérée la conclut par un mot qui m'épouvanta moi-même.

— Eh bien, monsieur, dit-elle à son père, je ne sais si j'aurais le courage de le faire, mais j'estimerais la femme la plus noble qui, sûre de l'estime de l'homme qu'elle aime, se donnerait à lui, fût-il... esclave... et qui punirait par le déshonneur de sa famille l'insupportable orgueil qui lui refuserait le bonheur de sa vie.

Le prince devint pâle de colère. La princesse se jeta à l'encontre pour la recevoir tout entière, et dit à Douchinka :

— Il ne faut pas, ma fille, vous armer de ce

qu'il m'est arrivé de dire devant vous, que si j'avais cru trouver mon bonheur dans l'alliance d'un homme obscur, je l'eusse préférée à celle du plus grand prince.

— Vous avez dit cela, madame? s'écria le prince irrité.

— Oui, monsieur, répliqua la princesse avec une expression où le prince seul ne vit point l'amertume qui remplissait le cœur de sa femme, oui, monsieur, je l'ai dit; et cette forte volonté de mon ame vous est un meilleur garant que l'obéissance que l'on m'a supposée, du bonheur que j'ai éprouvé en recevant le nom que je porte aujourd'hui.

Le prince demeura tout embarrassé de cette flatterie presque perfide, et il finit par répondre gauchement :

— Comme mari, je vous remercie de ces sentimens; mais comme père, je ne puis les approuver; car enfin.... il suffit; rendez votre fille plus raisonnable.

Douchinka sourit amèrement; elle fut sur le point d'attaquer cette différence que mettait le prince dans l'appréciation des sentimens de la princesse. Un regard de celle-ci l'arrêta. Nous nous retirâmes tous assez embarrassés. Douchinka seule me salua avec une affectation évidente. Le soir venu, je voulus me rendre chez la princesse. J'appris que depuis deux heures elle était enfermée avec son mari. J'en devinai la cause et je m'apprêtai à voir prendre contre Douchinka, et par conséquent contre nos réunions, quelque mesure énergique. Je n'en doutai plus, lorsqu'à l'heure où tout le monde se retirait d'habitude, un esclave vint me prévenir que la princesse désirait me parler. Je descendis sans penser à autre chose qu'à Douchinka et à ce qui la regardait, oubliant complètement combien pour moi un entretien particulier avec la princesse devait être embarrassant. La princesse paraissait avoir pour ainsi dire rédigé d'avance ce qu'elle avait à me dire, elle en avait probablement calculé toutes les expressions, car dès que je fus entré, elle me fit signe de m'asseoir et me dit sans se donner le temps de recueillir ses idées :

— Monsieur, aucun de mes ressentimens personnels, aucune des douleurs que j'ai eues à subir ne m'a rendue injuste envers les autres. Je veux le bonheur de ceux qui me font mal ; je crois à l'honneur de ceux qui ne croient pas au mien. Ma fille, monsieur, car n'oubliez pas que c'est une mère qui vous parle, ma fille est pour ainsi dire dans l'enfantement de son âme.

Des rigueurs maladroites pourraient tuer cette nouvelle vie qui cherche à s'allumer en elle, ou peut-être l'égarer dans la voie qu'elle doit choisir. J'espère que vous me comprenez, monsieur, je ne suis point la maîtresse de prévenir ces rigueurs aussi complètement que je le voudrais. Je ne sais jusqu'où iront les écarts qu'elles peuvent faire naître... Mais je sais vers qui ils iront !

Je tressaillis, j'avais les yeux baissés ; la princesse continua :

— A celui-là je dirai : Vous avez reçu l'hospitalité sous notre toit ; le contrat public qui vous lie à nous vous a confié une part de notre honneur ; l'enfant qui doit porter notre nom a été remis à vos soins. Vous avez fait ce que vous deviez, et nous sommes assurés qu'en sortant de vos mains, notre fils nous sera un sujet d'orgueil. Aujourd'hui, monsieur, je mets, moi, sous la sauvegarde de votre probité, le reste de l'honneur de notre famille. Grâce à vous, nous n'aurons à maudire aucun de nos enfans ! Je puis y compter, n'est-ce pas, monsieur ?

Ce langage indirect était clair pour moi. Devant tant de confiance, je ne me trouvai dans l'ame qu'un cri de générosité ; j'oubliai ce qu'il y avait de douloureux entre la princesse et moi, et je lui répondis vivement :

— Oh ! je vous le jure, madame, elle me sera sacrée.... sacrée comme vous !

Tu dois, je suppose, admirer la maladresse brutale de toutes mes paroles vis-à-vis de cette pauvre femme. Je lui avais répondu dans le sincère élan d'une bonne intention, et j'étais arrivé à la blesser au plus secret de son cœur. Mon dernier mot pouvait ressembler à une grossière équivoque. Cependant je crois qu'elle comprit ma bonne foi ; je crois qu'elle sentit que je l'avais remise en mon âme à une place où mon respect était sincère ; en effet, elle me tendit la main et me dit avec un sourire où descendit une larme :

— Je vous remercie, monsieur.

Je voulus parler.

— Non, me dit-elle, pas d'explications d'aucune sorte ; il n'est pas toujours bon de donner leur nom aux choses sur lesquelles on s'entend de reste ; on les ravale presque toujours à des applications vulgaires et odieuses. Si vous ne trouvez pas l'heure trop avancée, parlons d'autre chose. N'allez-vous pas demain avec Yvan chez l'empereur, et mon fils ne passe-t-il pas la journée avec le sien ? Il faut que je vous parle de cette visite, afin de prévenir votre étonnement à propos des règles d'étiquette que vous ignorez encore.

Et, sans autre transition, elle me raconta quelques usages de cour avec cette raillerie triste qui annonçait si bien les deux maladies de son ame, le malheur et le mépris. Je me retirai sans m'expliquer encore le but de la princesse, mais avec un engagement dont les termes n'avaient point de faux jour.

Maintenant, toi, l'un des prétendus fiers explicateurs du cœur humain, me diras-tu comment il se fit qu'avec cet engagement solennel, comment avec cette borne posée à toute espérance, avec cette limite que je ne voulais pas franchir, et au-delà de laquelle est ce qu'on nomme d'ordinaire le bonheur; me diras-tu comment il se fit que je m'abandonnai avec joie et confiance au charme d'aimer Douchinka? J'étais comme un malade affamé à qui on a donné un carré de jardin pour se promener, et qui y descend tout joyeux sans regarder que le fruit qu'il aime est juste au-delà du carré qui lui est permis, et que la faim et la soif seront seules avec lui. Ce n'est pas que je suppose qu'il eût mieux valu me faire à moi-même une morale régulière pour me dissuader de l'amour qui me tenait.

Hélas! de même que je n'avais pu aimer la princesse avec toutes les bonnes raisons possibles pour m'en faire amoureux, de même j'étais au pouvoir de Douchinka, sans que raison, crainte, malheur, pussent m'arracher à ce pouvoir! Tu as dit une assez bonne chose dans ta vie, c'est celle-ci : J'aime parce que. Il n'y a pas d'autres raisons présentables après celle-là. J'aimais, j'aimais donc comme un fou! Je ne veux pas te faire toutes les peintures probantes de mon amour, te dire comment je tremblais à l'approche de Douchinka, comment sa robe frôlant mon genou, me touchait au cœur une atteinte si vive que j'étouffais, comment je baisais de mes lèvres la place où sa main et son pied avaient posé. A qui dirais-je : J'aimais! qui ne fasse vite en soi-même le roman de toutes ces folies? Une seule peut-être n'a pas été décrite, parce qu'elle était particulière au pays que j'habitais. Je savais assez de russe pour parler aux esclaves qui me servaient, mais jamais je ne m'étais servi de cette langue en d'autres circonstances, car elle est complètement exclue des salons, où le français est seul admis. Je n'avais pas autrement fait attention aux règles, aux habitudes, aux usages de ce langage, que je parlais sans l'avoir pour ainsi dire appris, lorsqu'un jour où je donnais un ordre à mon cocher, j'entendis Douchinka me dire gracieusement en russe :

— Rodolphe, tu parles bien.

A ce nom de baptême, qui jamais en Russie n'est précédé d'aucun titre, fût-ce à l'empereur qu'on s'adressât, à ce tutoiement, qui est la règle de la langue russe, je ne sais quel éblouissement de joie, de délire me prit, je me retournai vers Douchinka, et lui dis en la regardant avec une crainte et une espérance folle :

— Douchinka, qu'avez-vous dit ?

— J'ai dit, me répondit-elle en français, j'ai dit : M. Rodolphe, vous parlez bien !

Ce *monsieur*, ce *vous*, me tombèrent comme un bloc de glace sur le cœur. Ils brisèrent mon rêve d'un moment ; je me sentis pâlir et devenir froid, mes genoux m'échappèrent, et je faillis m'évanouir. Depuis ce moment, sais-tu quel fut l'un de mes plus chers bonheurs ? Ce fut d'aborder Douchinka en lui parlant russe, rien que pour lui dire :

Douchinka !

Rien que pour lui faire répondre :

Rodolphe !

Cependant la révolte de Douchinka contre son père continuait ; son mépris des habitudes russes devenait de plus en plus hardi ; son amour de la

France s'exaltait de jour en jour ; elle en affectait les coutumes, la manière d'être, la liberté d'opinions, et toujours elle me faisait le complice de tout ce qu'elle osait, en invoquant mon témoignage. Je remarquais avec étonnement que sa mère, sans la soutenir ouvertement, la laissait cependant libre de contrarier les volontés du prince ; elle accueillait même assez volontiers les exigences de sa fille, et cédait, sans sembler y prendre garde, à tout ce qu'elle voulait. Je ne me rendais pas bien compte de cette faiblesse apparente, et je n'y voyais que l'abandon d'une ame qui ne voulait plus lutter ni pour son propre bonheur, ni pour celui d'un autre ; cependant, comme tout cela ne portait que sur des généralités, je ne m'en occupais que très secondairement.

L'expression me manque pour te dire cette vie de tous les jours, cette vie où chaque mot, chaque geste, était le prétexte d'une argutie sur le droit de parler ou d'agir ; c'était une impatience de tout obstacle qui s'irritait encore de ce que l'obstacle s'abaissait trop vite. Imagine-toi un jeune daim dans un désert plat, et cherchant quelque chose à franchir ; suppose une main qui élève une barrière vers laquelle s'élance le léger animal, et une autre main qui l'abaisse avant qu'il soit arrivé et ait pu essayer ses forces : c'est l'image de Douchinka entre le prince et sa mère ; tout paraissait blâmable au prince, tout excusable à la princesse ; et qui sait si toute cette bouillante impatience de jeunesse ne se fût pas usée à de vains désirs d'affranchissement, si l'heure ne fût venue où le prince mit aux désirs de Douchinka une limite qu'il s'entêta à maintenir, qu'elle s'acharna à dépasser. En vérité, je te le dis, elle était, au milieu de notre vie, seule debout, le front haut, regardant à l'horizon où pouvait se trouver un précipice à franchir. Une question bien simple, à laquelle je répondis, sans prévoir, je te le jure, l'effet de ma réponse, dirigea cette inquiétude du côté prévu par la sagacité d'une femme que je n'appréciais encore que pour son cœur.

— Dites-moi, monsieur, me dit un jour Douchinka : en France, entre gens qui ont des talens différens, et dont l'un fait hommage à l'autre de l'une de ses œuvres, n'est-il pas de bonne façon, de façon française enfin, que celui qui a reçu ce témoignage d'amitié le reconnaisse par un don pareil ?

A ce moment, j'étais à mille lieues de Douchinka et de moi, je lui répondis tout simplement.

— C'est véritablement une habitude qui me paraît pleine de fraternité et de bon goût entre artistes, que celui qui donne un livre à son ami en reçoive un dessin ou une partition.

— Voilà qui est admirable! dit Douchinka en regardant le prince, bien assurée sans doute qu'elle allait le blesser. J'ai reçu quelque chose de quelqu'un, et je veux lui rendre autant qu'il m'a donné.

Le prince regarda sa fille, et lui dit :

— Vous avez raison. C'est sans doute ces livres que vous avez reçus du comte B... Il faut lui envoyer un objet de choix. Faites prendre des ananas dans ma serre; je sais qu'il en est très curieux, et que les siens sont mal venus cette année.

— Ce n'est pas cela, dit Douchinka.

— C'est donc cette corbeille, reprit le prince, que vous a envoyée votre cousine ? il y a de nouveaux bijoux très élégans chez... Il faut en choisir quelques-uns...

— Ce n'est pas cela, répondit encore Douchinka.

La princesse semblait ne pas entendre; le prince demanda alors ce que c'était. Douchinka dit tranquillement :

— C'est pour M. Rodolphe qui m'a dédié une

romance, et à qui je veux offrir un dessin que j'ai fait pour lui.

Le prince regarda sa fille comme si elle était devenue folle; la princesse dit rapidement :

— C'est fort bien, ma fille! il n'y a rien de plus naturel.

Mais le prince avait été touché à une partie trop sensible de sa sottise vaniteuse, et la précaution de la princesse était trop délicate pour qu'il pût l'apprécier.

— Certes, dit le prince, cela ne sera pas; je vous le défends, et M. Rodolphe lui-même comprendra combien cela serait inconvenant.

Je fus tout à coup au supplice. Accepter après cette défense était impossible dans ma situation; refuser était trop contre mon cœur. Je jetai encore le fardeau de mon embarras à celle qui avait déjà le poids de sa douleur, et je lui répondis :

— Je ne saurais comment résoudre cette question, et madame me paraît la seule qui puisse être un juge impartial en tout ceci.

La mauvaise humeur du prince sauva la princesse d'un nouveau dévouement; il me répondit sèchement :

— Impartial ou non, monsieur, je suis le seul

juge de ce qui est convenable, et je défends à Douchinka de vous donner ce dessin.

— C'est ce que nous verrons, dit Douchinka.

— Mademoiselle ! s'écria le prince exaspéré.

— Mais mon père, où est le mal ? dit la jeune princesse.

— Le mal ! s'écria le prince ; le mal ! Vous, donner un dessin à monsieur, à...

Le prince marchait sur des charbons ardens ; il n'avait nul droit de m'insulter, et je ne l'eusse pas souffert. Il s'arrêta en serrant les poings, puis il reprit :

— Où est le mal, mademoiselle ?.. Je vous le défends : voilà tout.

— Si ce n'est point mal, me le défendre est une tyrannie odieuse.

— Oh ! c'est trop ! s'écria le prince.

— Monsieur, dit la princesse à voix basse et en retenant son mari, vous perdrez votre fille. Laissez-nous, Douchinka. Monsieur Rodolphe, j'ai besoin de parler à mon mari.

Nous sortîmes avec Douchinka. L'effort de sa volonté était épuisé ; elle se mit à pleurer, et elle me dit avec un reproche amer :

— Vous aussi, vous m'abandonnez....

Ce mot fut la première épreuve que j'eus à subir. Toute mon ame vola vers cette noble et belle fille. A ce reproche, il me sembla que je devais répondre par l'engagement de ma vie entière; mais ma parole, mes protestations, s'arrêtèrent à la pensée de ce que j'avais promis à la princesse. Je m'étais avancé vers Douchinka avec transport; je me reculais presque avec épouvante.

— Oh! me dit-elle, vous n'osez pas résister à mon père...

Cette accusation de lâcheté me fit frissonner. Me sentir dégradé à ce point dans le cœur de Douchinka! Ce fut comme un fer rouge qui me traversa le cœur. Je doutai de la sainteté du serment que j'avais fait; je fus prêt à le rompre : un moment de réflexion me fit voir que là seulement serait la lâcheté. Je me tus encore.

— Eh bien ! s'écria Douchinka en reprenant sa résolution, j'aurai du courage pour deux. Vous aurez ce dessin, vous l'aurez... Je vais vous le chercher.

Elle sortit sans que j'eusse la force d'accepter ni de refuser. Je fis un pas pour quitter le salon, pour m'enfuir. J'avais peur; mais je sentais en même temps une joie funeste m'inonder et me rendre fou. Douchinka m'aimait : je le voyais, je le sentais, j'en étais ivre;

puis je réprimai mes frayeurs. Je me rappelais les saintes paroles de sa mère. J'étais bâillonné.

Avant que Douchinka revînt, la princesse rentra avec son mari; elle me demanda où était sa fille; je lui répondis qu'elle était restée chez elle. La princesse se dirigea vers l'appartement de Douchinka, et celle-ci en sortit avec son dessin à la main. La princesse marcha rapidement vers elle et lui dit :

— Ma chère enfant, vous êtes si vive que vous avez fâché votre père sans raison. Il croyait que vous aviez acheté un dessin et que vous vouliez l'offrir à M. Rodolphe, et cela n'eût pas été convenable; on ne rend pas avec de l'argent des attentions comme celles qu'il a eues pour vous; mais du moment que je lui ai expliqué que c'était un dessin de votre main, il a trouvé cela fort naturel. Donnez-le à M. Rodolphe : c'est fort bien.

Douchinka, qui était entrée le front haut et l'air résolu, demeura confondue ; elle baissa la tête. A ce moment, elle eût mis en pièces ce dessin qu'on lui permettait de me donner. On faisait, de ce qu'elle croyait un acte d'indépendance, un simple échange de petits présens. Elle devint soumise et triste ; et, me tendant son dessin,

elle me dit d'un ton cruellement désappointé :
— Le voilà, monsieur, prenez-le.

J'eus la maladresse de montrer la joie que j'éprouvai à le recevoir. Le regard de la princesse me la reprocha ; celui de Douchinka me la reprocha aussi. L'une voulait dire : — Est-ce là ce que vous avez promis ? L'autre signifiait : — Ce ne devrait plus être rien, donné de cette manière.

Il me serait impossible de te faire marcher comme moi dans l'obscurité où j'étais et où je demeurai jusqu'au dernier jour de cette vie étrange. Tu dois entrevoir déjà ce qui ne me fut révélé qu'à la dernière heure de mon séjour en Russie ; et moi-même, à mesure que je ramène ces événemens en moi, je me demande comment je m'y trompai. C'est qu'alors l'aveuglement de l'amour me tenait. N'importe : écoute encore, et pardonne-moi d'être long, de te dire tout, jusqu'aux détails les plus vulgaires de cette vie pleine de tortures.

Ce fut à cette époque que quelques-uns de tes ouvrages arrivèrent en Russie. Je parlai de notre amitié : ce fut comme une couronne sur ton front. Ne t'en fais par orgueil, et tu verras bientôt que moi-même je n'en dois peut-être pas tirer vanité ; mais Douchinka te prit en admiration ; ton nom était sans cesse le premier dans ces éloges : le nom de l'ami M. Rodolphe, voilà tout! Nous te lisions ensemble, et seul je te lisais à son gré. Elle t'apprenait par cœur, elle te citait à tout propos. Le prince ricanait; mais la princesse tuait le charme de cette admiration que nous nous faisions à deux, en s'y mettant, en surenchérissant. Elle t'admirait encore plus que sa fille; mais elle t'admirait pour toi, en te faisant un vrai génie. Alors il ne restait plus rien de l'éloge qu'on n'accordait qu'à l'ami de M. Rodolphe, et cela dépitait Douchinka; elle s'irritait alors du bien qu'on disait de toi : on usurpait sur son privilége de te louer. Pour moi, j'étais comme fou; j'étais arrivé au vertige du cœur : j'aurais infailliblement succombé. Sur la route où je marchais, je trébuchais à chaque pas; il me fallait dire que j'aimais ou me tuer : je pensai au suicide. La prévoyance de la princesse me donna un moment de relâche.

Douchinka fut présentée à la cour avant l'âge voulu par l'étiquette; elle ne put résister aux prières de sa mère, qui lui fit seulement valoir des raisons de complaisance pour l'impératrice. Cela rendit nos réunions plus rares. Je trouvai dans ma solitude des heures pour me rasseoir en moi-même et me donner quelque force. Cependant j'avais le cœur trop plein, et peut-être il eût débordé si je n'avais trouvé une misérable issue par où s'échappait la flamme qui sans cela eût tout brisé.

Lorsque Douchinka revenait de la cour, en passant par le salon de musique, elle s'arrêtait à son piano et y jetait quelques accords. Je les entendais de mon appartement. La première fois je les écoutai sans oser croire qu'ils me parlaient. Mais c'est une force bien puissante que l'amour; c'est un charme qui étend le cœur aux plus misérables choses de la vie. Le lendemain de ce premier jour, Douchinka fut triste et me parla à peine; quelques jours après, elle retourna à la cour, et en revenant, elle toucha encore à ce piano. Je la compris alors. Je remuai un meuble dans mon appartement; elle m'entendit et se retira. Le lendemain, son visage rayonnait de joie et de remercîment. Rien ne fut dit cependant. Elle et moi nous avions assez parlé. Ce furent, durant tout un hiver, nos seuls entretiens d'amour.

Je vais te conter aussi notre correspondance.

On jouait le soir chez le prince. Jamais Douchinka n'avait sa bourse, toujours elle m'empruntait de l'argent. Jamais elle ne me le rendait le soir même, qu'elle gagnât ou qu'elle perdît. Mais le lendemain un esclave m'apportait un petit paquet soigneusement cacheté. Sur ce paquet était écrit : Ma dette à M. Rodolphe ; et le montant de cette dette était compté sous ces papiers parfumés, en pièces neuves et choisies. Ces enveloppes avec ces deux mots écrits de sa main, ces pièces d'argent qu'elle avait touchées, voilà toute notre correspondance pendant six mois, voilà tout ce qui me reste d'elle, c'est là tout le trésor de mes souvenirs. Quant à moi je ne savais, je n'osais rien lui rendre. La princesse me surveillait, et, je dois te le dire, j'avais fait une horrible découverte : ce n'est pas comme mère qu'elle souffrait seulement ; elle était jalouse, elle se mourait. Elle me comprenait mieux que moi-même, elle avait bien senti que c'était dans la pureté et dans le respect de mon amour que je prenais tout mon courage contre Douchinka. Elle voyait bien que je l'adorais comme un ange que je n'eusse pas voulu flétrir d'un désir impur ; et, en retournant à ce qui s'était passé entre elle et moi, elle était honteuse et brisée de la part que lui avait faite mon cœur. J'appris cela un jour que Douchinka trouva enfin le moyen de recevoir quelque chose de moi.

Nous étions à Jelaguin, à quelques milles de Saint-Pétersbourg. En nous promenant dans le parc où tout le monde est admis, nous rencontrâmes un moujick qui nous offrit quelques misérables bijoux qu'il portait dans une boîte. Ni la princesse, ni moi, ni Douchinka, n'en avions que faire ; mais Douchinka se prit à désirer une pauvre paire de boucles d'oreilles, en pastilles du sérail, qu'on eût à peine offerte à une esclave ; elle voulut les acheter, et me demanda de quoi les payer. Le soir, elle les portait ; le soir, on joua encore ; le soir, je lui prêtai encore de l'argent : mais le lendemain, quand elle me restitua ce que je lui avais prêté, il n'y avait que l'argent du jeu, le prix des boucles d'oreilles n'y était pas : il se trouva que je les lui avait données. Oh ! ce me fut un bonheur contre lequel faillit se briser toute ma résolution. J'écrivis à Douchinka. Ma lettre achevée me parut un crime, je la brûlai. Je repris ma vie. Douchinka portait mes boucles d'oreilles ; elle n'en avait pas d'autres pour rester chez elle, point d'autres pour les plus brillantes fêtes. Il en fallait moins à la princesse pour deviner le secret de cette prédilection. Que te dirai-je ? Tant que sa fille avait été seule à s'avancer dans cet amour qui nous tenait, elle avait tout accepté, tout souffert pour le bonheur et l'innocence de son enfant : mais dès que mon bonheur parut s'en mêler, elle ne put le supporter, elle n'y résista pas ; elle redevint femme contre moi. Toutes les fois que Douchinka entrait dans le salon où j'étais, son doigt dirigé vers ses oreilles me disait :

— Les voilà.

Sa mère pâlissait chaque fois.

Un jour vint où le hasard la servit à son gré. Un orage accompagné d'une pluie terrible nous surprit dans le parc de Jelaguin. Le premier soin de Douchinka fut d'ôter ses frêles boucles d'oreilles dont la pluie eût bientôt dissous la pâte. Elle voulut me les remettre pour les cacher ; sa mère lui offrit de s'en charger. Douchinka les lui confia sans rien soupçonner. Nous courûmes vers le palais. A dix pas, je vis la princesse les briser dans le sac de velours où elle les avait enfermées. Son regard était furieux ; sa démarche presque folle. Lorsque nous fûmes arrivés, Douchinka redemanda ses boucles d'oreilles. Le transport de la princesse était passé : elle se prit à pleurer, et mentit. Elle répondit :

— Pardonne-moi, elles se sont brisées dans mon sac.

La douleur de la princesse arrêta la mauvaise humeur de sa fille. La pauvre femme vit que je l'avais devinée, et honteuse et torturée à la fois, elle eut une attaque de nerfs qu'on attribua à l'orage. Le lendemain elle était sérieusement malade. Douchinka ne porta plus de boucles d'oreilles. La première fois que la princesse la vit ainsi, elle se reprit à pleurer : sa force était à bout, la mienne aussi.

Tout ce que je te dis n'est rien ; mais à ces vaines circonstances qui m'aiguillonnaient le cœur, joins tous les instans de la vie où j'avais à lutter contre des regards, contre des mots, contre un appel constant à cet amour que Douchinka sentait en moi et dont elle semblait me demander une assurance, et tu comprendras mon supplice.

Enfin ma dernière épreuve m'arriva. Nous étions retournés à Saint-Pétersbourg ; la santé de la princesse était visiblement altérée, son indisposition devenait dangereuse. C'est à peine si je voyais Douchinka qui ne la quittait pas. Je dois te dire que pendant tout ce temps le prince était devenu vis-à-vis de moi d'une hauteur marquée. Je vis bien à sa haine qu'il savait notre secret ; mais il n'en disait rien. Il savait aussi que bientôt il allait être délivré de la main qui l'empêchait de se livrer à sa manière de conduire et de réprimer une passion. Enfin la santé de la princesse lui interdit de recevoir, et dès lors, hors de cette chambre où elle souffrait, le prince devint maître absolu. Le piano disparut du salon de musique ; chacun de nous était servi dans son appartement ; je ne voyais plus personne, et l'on me répondait à peine, quand je m'informais de la santé de la princesse, qu'elle allait de mieux en mieux.

Il faut te dire que le palais du prince était dominé par un belvéder d'où l'on voyait tout Saint-Pétersbourg. L'escalier qui conduisait à ce belvéder passait par mon appartement. Un soir que j'étais seul chez moi, un esclave vint me demander si je voulais permettre à madame Stroff et à Douchinka de passer par mon salon pour voir une éclipse qui devait avoir lieu. Je m'empressai de répondre que j'attendais ces deux dames, et je demeurai troublé du pressentiment que cet instant allait décider de ma vie. Mon trouble était si grand qu'aucune résolution ne me vint à l'esprit. Madame Stroff arriva avec Douchinka. Je pris une bougie et montai devant ces dames l'escalier du belvéder. Une fois parvenu au sommet, il se trouva que Douchinka avait laissé sur la table de son appartement la clef qui ouvrait sur la plate-forme. Moi je ne pouvais aller la chercher dans cet appartement,

Douchinka ne s'offrit point à le faire. Elle prit la bougie de mes mains, et la donnant à madame Stroff :

— Allez, lui dit-elle, ma bonne amie, nous vous attendons.

La bonne Allemande n'y comprit rien, elle descendit et nous laissa seuls dans l'obscurité, loin de toute surveillance, en proie à la nuit, à l'occasion, à notre amour. J'entendais battre le cœur de Douchinka, le mien me brisait la poitrine. Je tremblais comme un criminel, Douchinka était immobile près de moi ; une minute se passa ainsi. Je voulus rompre ce silence qui me tuait. Je ne trouvai qu'un mot à dire que je ne voulais pas dire... J'essayai deux fois de parler, deux fois un son inarticulé monta à ma gorge et s'y arrêta. Douchinka fut plus forte, elle me dit soudainement :

— Ma mère se meurt ! monsieur.

— Votre mère ! m'écriai-je.

— Oui, reprit-elle avec un accent résolu... Oui, elle se meurt ! Que ferons-nous maintenant ?

Si j'avais eu un poignard, je me serais tué. Je vis la princesse sur son lit de mort se dresser entre moi et sa fille, et m'arrêter comme un fantôme. Je reculai en poussant un cri.

— Qu'avez-vous ? me dit Douchinka.

J'étais fou ; je lui répondis :

— Nous avons tué votre mère !

— Oh ! miséricorde du ciel ! s'écria Douchinka en tombant à genoux, miséricorde du ciel ! je comprends tout... elle vous aimait !

Elle se releva, et, marchant vivement, elle laissa échapper de vives et cruelles exclamations. Je voulais me rapprocher d'elle, elle se recula de moi comme d'un monstre. Je voulus lui parler ; elle descendit. La voix de madame Stroff se fit entendre. Douchinka remonta avec elle. Nous entrâmes sur la plate-forme ; nous y restâmes quelques minutes, pendant lesquelles Douchinka parla sans cesse avec une volubilité étrange. Quant à moi, je me sentis perdu. Douchinka retourna chez elle, après m'avoir gracieusement salué. Je ne me couchai point. A quatre heures du matin, le prince entra chez moi ; il était pâle et horriblement agité.

— La princesse veut vous voir, me dit-il, descendez...

Je le suivis. En traversant le salon de musique, je vis madame Stroff assise dans un coin, et pleurant à chaudes larmes. Je lui demandai ce qui s'était passé. Le prince était entré chez sa femme pour m'annoncer. Madame

Stroff me raconta qu'il y avait eu une scène horriblement douloureuse entre la princesse et sa fille. A peine celle-ci avait-elle quitté le belvéder qu'elle s'était mise à courir vers la chambre de sa mère, et à peine entrée, sans faire attention à la présence de son père, elle s'était jetée à genoux devant sa mère, et elle s'était écriée :

— Grâce ! grâce ! maman ; il ne m'aime pas, c'est vous...

Le prince s'était approché alors, et Douchinka l'avait aperçu.

— De qui parlez-vous ? lui avait-il dit en la relevant brutalement.

Douchinka demeura glacée. Cette fois le prince n'eut pas besoin de réponse, et il se tourna vers sa femme.

— C'était donc vous ? reprit-il ; c'était donc vous, madame ?

— Monsieur, dit la princesse, je suis tellement près de répondre à Dieu, que vous n'exigerez pas que je vous réponde sur un secret qui n'est pas le mien. Je désire voir M. Rodolphe.

Le prince avait paru s'irriter de cette demande.

— Ce sera en votre présence, monsieur, avait répondu la princesse.

Le prince était sorti alors pour me venir chercher, et la princesse avait dit à sa fille qui venait de lui raconter la scène du belvéder :

— Tu vois, ma fille, ce qu'il en coûte d'aimer contre son devoir ; on en meurt, et on n'est pas aimée.

Ensuite elle avait éloigné Douchinka. Tout cela s'était passé comme une scène fantastique, à travers des larmes, des sanglots, en face de la mort, sans réflexion d'aucune part. On m'introduisit chez la princesse ; ce n'était plus la femme que j'avais connue, la mort l'avait étreinte et défigurée. Quand je m'approchai d'elle, je la regardai avec un étonnement stupide et douloureux. Elle me sourit d'un sourire qui me glaça ; puis elle me dit lentement :

— Vous êtes un honnête homme, monsieur ; mais je ne demande pas à vos forces plus que ce qui est possible ; demain vous quitterez Saint-Pétersbourg. Et maintenant, monsieur, sachez mon secret, sachez-le aussi, vous, monsieur le prince. A l'âge de Douchinka j'aimai, comme elle, un homme qui était placé trop loin de moi. On égara notre amour en lui créant à chaque heure des obstacles qui ne faisaient que l'irriter. Si je fus coupable, Dieu me pardonnera, car ma fille est pure. Malgré tout ce qu'elle a fait, elle est

restée innocente en son cœur, parce que j'ai su
ne lui faire un crime de rien, et que vous ne
l'avez pas entraînée là où le crime eût existé; ce
qui l'emportait était plutôt son esprit que son
cœur; j'ai su garantir celui-ci. Si elle se fut crue
compromise, elle se fût perdue; c'est l'histoire de
presque toutes les fautes. Elle croit ne pas vous
avoir aimé, elle ne vous aimera pas et ne se
doutera jamais que vous l'ayez aimée. Je vous
remercie encore, monsieur, et si les paroles
d'une mourante vous sont sacrées, ne tentez jamais
de revoir ma fille.

Je ne répondis rien.

Le lendemain je quittai Saint-Pétersbourg, et
voilà un an que je suis en France.

Rodolphe s'était arrêté, il réfléchissait profondément.

— Eh bien! lui dis-je, que veux-tu que je
fasse de ce récit?

— Ce que tu voudras, me dit-il; mais écris
à la dernière ligne :

Douchinka, Rodolphe vous aimait! Rodolphe
vous aime!

LA GRILLE DU PARC.

La Grille du Parc.

J'étais bien jeune quand on me raconta l'histoire qu'on va lire; mais elle me frappa tellement, qu'elle n'a pas peu contribué à me garantir du dédain de notre époque pour tout ce qui est exaltation dans les sentimens intimes. Voici comment j'appris ce secret, qui n'appartient plus qu'à moi et que je puis divulguer maintenant, s'il est vrai que la mort des héros affranchisse le confident de toute discrétion.

En 1818, j'allais souvent dans la maison de madame de G***, veuve, et fort riche. Elle avait alors quarante ans, était encore fort belle, et n'était déjà plus coquette. Je ne me rappelle pas avoir trouvé dans aucune femme plus de bienveillance et de dignité. Elle était assurément fort spirituelle; mais un ton de mélancolie si profond accompagnait tout ce qu'elle disait, qu'à mon âge de dix-huit ans, où la moquerie est le seul esprit qu'on connaisse, je n'appréciais pas sa supériorité. Ce ne fut que longtemps après que je m'aperçus combien il était difficile d'être aussi charmante qu'elle l'était, sans méchanceté ni calomnie. Ce qui m'avait amené chez madame de G***, moi, pauvre étudiant en droit, sans nom ni recommandation, c'était mon intimité avec ses deux fils, qui étaient entrés au collège et en étaient sortis le même jour que moi. Leur mère, tout en désirant les présenter dans le monde, ne voulait pas rompre leurs anciennes relations, et espérant faire à ses fils des amis de leurs camarades, elle avait reçu chez elle ceux dont elle avait entendu parler avec quelque éloge. Pour ma part, je trouvai dans son accueil une grâce si attrayante, que je me hasardai à renouveler mes visites plus souvent que je ne me l'étais promis, et bientôt je dus à mon assiduité une sorte de confiance qui ne semblera ni étrange ni suspecte, lorsque je dirai qu'elle consistait, de la part de madame de G***, à me charger, comme camarade, de conseils pour ses fils, voulant ainsi leur épargner de les recevoir d'une mère souvent mécontente.

Les jeunes de G*** répondaient mal en effet aux soins de leur mère; et pour elle, si élégante et si distinguée, c'était un véritable chagrin que de les voir affecter des habitudes de maquignon et de garde-chasse, ne parlant que chiens et chevaux, bonne chère et joyeuse vie.

— Je préférerais quelquefois, me disait madame de G***, qu'ils eussent le ridicule de ces petits messieurs qui, à dix-neuf ans, se disent usés pour les passions.

Car il est bon que nos jeunes successeurs sachent que la prétention de ne pas avoir encore de barbe et de n'avoir déjà plus de cheveux, n'est pas plus une création du jour, que la plupart de celles dont on bâtit des renommées à nos artistes, peintres et poètes. Cependant madame de G*** voulut combattre les fâcheux penchans de ses fils, et jugeant d'eux avec son cœur de femme, et peut-être aussi, avec ses souvenirs de femme, elle forma autour d'elle une réunion plus intime, où ne furent admis que quelques hommes cités pour leurs manières, et deux ou trois amies de la maîtresse de la maison, gracieuses et belles, et toutes charmantes à aimer. Cette tentative eut si peu de succès auprès de nos jeunes rustres, qu'après un dîner où ils avaient été placés à côté de deux personnes pleines de grâce, j'aperçus madame de G*** assise seule dans son salon, tandis que le reste de la société se promenait dans le jardin. Je devinai que les façons grossières et presque impolies de ses fils pour leurs voisines causaient toute sa tristesse, et je me permis d'entrer et de lui parler. Après un moment de conversation où elle se plaignit à peine de la conduite de ces messieurs, elle me parut suivre la pensée qui la dominait au moment où je l'avais abordée, et elle me dit :

— Maintenant que j'y réfléchis, je vois que ce n'est pas autant leur faute que je le croyais; ils sont dans les conséquences de la marche du siècle. On fait mépris aujourd'hui de tout ce qui fait un homme illustre et un homme comme il faut. La peur de l'empire fait insulter aux grandes idées de cette époque, et la haine de l'ancien régime frappe de ridicule les dévouemens chevaleresques qui avaient fait de la société française le modèle de toutes celles de l'Europe. Que cela continue, et dans dix ans la France n'aura plus que des financiers, des avocats et des palefreniers; les promenades seront des estaminets, et les salons des cafés gratis.

— Cependant, madame, lui répondis-je, les passions ne se détruisent pas sous des habitudes, et quand elles seront puissamment excitées, elles arriveront....

— A des scandales odieux, reprit-elle en m'interrompant, à des crimes peut-être, mais à aucun de ces sentimens purs et désintéressés qui suffisent au bien-être du cœur de la femme qui les a inspirés.

En ce moment se promenait devant les fenêtres du salon le comte de W***, militaire d'une bravoure et d'un mérite rares. Il avait perdu un bras à l'armée, et était déjà assez vieux en services pour avoir été mis à la retraite. Madame de G*** le regarda passer avec je ne sais quelle tendre pitié, et elle ajouta aussitôt :

— Voyez cet homme, dont la froide politesse vous étonne et vous glace quelquefois; il a fait pour une femme ce dont aucun de vous, avec vos propos délibérés et votre hardiesse à vous vanter de tout, n'eût même conçu la pensée.

Je la pressai de me raconter ce dont elle parlait, et alors, après un moment de silence, le temps nécessaire d'inventer des noms, se rappelant tout haut quelque doux souvenir plutôt que me confiant une aventure, voici ce qu'elle me dit :

« Il y a vingt ans à peu près, la maison de M. de Leurtal était citée pour l'éclat de ses réunions. Contre la coutume, ce n'était pas à Paris et durant l'hiver qu'elles avaient lieu. M. de Leurtal possédait près d'Auteuil une fort belle résidence, où étaient invitées les personnes les plus renommées. Parmi celles qui y venaient avec assiduité, était le comte W***. A cette époque, il s'était déjà fait quelque réputation comme militaire, avait toujours eu celle d'un homme d'esprit ; et quelques femmes, de celles qui ont illustré le Directoire et donné de la fatuité à tant de manans, s'étaient chargées de le mettre à la mode. Je ne vous dirai pas tous les détails de la passion qu'il éprouva bientôt pour madame de Leurtal ; je ne vous dirai rien des premiers temps de leur amour : j'arrive à l'événement dont je vous ai parlé.

« Un matin, il était deux heures à peine ; et, quoique ce fût en été, l'obscurité était complète ; un matin, dis-je, une fenêtre s'ouvrit silencieusement à l'un des angles du château de M. de Leurtal, et un homme en descendit plus silencieusement encore. Une femme, penchée en dehors de la croisée, le suivait des yeux avec anxiété. Lorsqu'il fut tout-à-fait descendu, ils échangèrent un signe, et M. de W***, car c'était lui, s'échappa dans les bosquets d'arbres précieux semés autour de la maison. Amélie ne quitta point la fenêtre….. »

Madame de G*** s'arrêta, et avec un accent presque embarrassé, elle se reprit en disant,

— Madame de Leurtal s'appelait Amélie.

Je ne fis point observer à madame de G*** que c'était aussi son nom ; et elle continua :

« Amélie ne quitta point la fenêtre jusqu'à ce qu'elle eût laissé écouler le temps nécessaire pour que M. de W*** eût atteint la grille du parc. Elle se retira alors ; mais, soit que l'espagnolette eût grincé en tournant sous sa main, soit que la grille du parc eût été fermée avec moins de précaution qu'à l'ordinaire, soit le cri d'un homme, toujours est-il qu'un bruit inaccoutumé la frappa soudainement. Elle rouvrit brusquement sa fenêtre et écouta longtemps ; mais rien ne se fit plus entendre, et le complet silence de la nuit calma bientôt son inquiétude. Le jour vint, et bientôt l'heure où l'on avait coutume de servir le déjeuner. Madame de Leurtal descendit pour en faire les honneurs avec son mari aux personnes qui demeuraient au château, et, comme de coutume, la conversation fut vive et gaie : l'on s'occupa beaucoup de plaisirs et surtout de la fête que madame de Leurtal donnait le soir même. Chacun se promettait d'y être aimable et brillant, lorsque tout à coup Antoine, le jardinier de la maison, se précipite dans la salle à manger, en poussant toutes sortes d'exclamations.

— Ah! mon Dieu, mon Dieu! s'écriait-il, qu'est-ce que j'ai trouvé là! C'est fini : on va tout remettre au pillage; oui, monsieur, les brigands sont entrés dans le parc : ce sont des chouans ou des jacobins; qui sait si ce ne sont pas des chauffeurs!

— Qu'est-ce qui s'est introduit dans le parc? reprit M. de Leurtal, interrompant les lamentations d'Antoine.

— Comment, monsieur! s'écria vivement le jardinier; qu'est-ce qui s'est introduit dans le parc? mais des assassins, monsieur, des faussaires qui ont des doubles clefs de la grille qui donne sur le bois.

« Amélie se sentit pâlir à ces mots. Mais Antoine criait si fort, qu'il appelait toute l'attention sur lui. M. de Leurtal l'arrêta encore une fois dans ses lamentations sans suite, et lui demanda ce qu'il avait trouvé de si surprenant pour avoir l'air ainsi renversé.

— Comment, monsieur! s'écria presque avec colère le malheureux jardinier, qu'est-ce que j'ai trouvé! Voilà ce que j'ai trouvé.

« Et à ces mots, il jeta sur la table, devant M. de Leurtal, deux doigts horriblement écrasés et mutilés. Tout le monde recula d'effroi. Amélie poussa un cri, mais aussitôt elle sentit qu'elle allait jouer sa vie et celle de son amant : elle reprit presque courage. Pendant le silence qui suivit le cri d'horreur qu'avait fait jeter l'aspect de ce sanglant débris, le jardinier eut le loisir de continuer.

— Oui, monsieur, ajouta-t-il, ils étaient pris dans la grille du parc; et ce qui prouve que c'étaient des voleurs et des assassins qui étaient entrés, et qu'ils étaient plusieurs, c'est que la grille n'avait fait qu'écraser les doigts et qu'on a achevé de les couper avec un couteau; et certainement il n'y a pas un homme capable de ce courage sur lui-même.

« M. de Leurtal considéra ce triste objet avec une sombre attention, puis promenant un regard singulier autour de la table, sans cependant l'attacher sur aucune femme, pas même sur Amélie, il dit avec un sourire cruel :

— La peau de ces doigts est bien blanche, et ces ongles bien soignés, pour que ce soient ceux d'un voleur : ne trouvez-vous pas, mesdames ?

« Chacun de ces mots tomba brûlant et acéré dans le cœur d'Amélie. Ses dents claquaient, elle ne voyait plus ; mais les vives interpellations que cette phrase de M. de Leurtal lui attira de la part de toutes les femmes présentes l'empêchèrent de rien laisser deviner. L'indignation des autres servit de voile à la honte d'Amélie. Cependant M. de Leurtal, après s'être excusé assez froidement, demanda à Antoine si les traces de sang pouvaient conduire à quelque renseignement.

— Impossible, dit le jardinier ; elles cessent au pied de la grille.

— Et tu n'as rien découvert de plus? ajouta M. de Leurtal, rien qui puisse nous mettre sur la voie, un lambeau d'habit, une cravache, une clef, que sais-je ? enfin, quelque chose qui aura échappé au blessé ?

— Non, monsieur, non, je n'ai rien découvert, répondit le jardinier ; mais une preuve qu'ils étaient plusieurs, et par conséquent que c'étaient des voleurs, c'est qu'il y en a un qui a essuyé le couteau après un brimborion de papier, ce qu'un homme seul n'eût pu faire avec deux doigts de moins à une main. Tenez, j'ai mis ce chiffon dans ma poche.

— Donnez! s'écria vivement M. de Leurtal. Et il s'empara avec anxiété du papier ensanglanté que lui présenta Antoine : il l'examina avec attention et bien long-temps. Chacun se taisait, et ce silence était si profond, qu'Amélie entendait son cœur battre dans sa poitrine. Tout à coup M. de Leurtal lève les yeux sur elle, et lui tendant le papier, il lui dit, sans que rien trahît un soupçon :

— Voyez, examinez ceci, et vous serez de mon avis. Voici un pli profond et bien marqué, c'est là qu'on a appuyé le tranchant de la lame; de chaque côté, remarquez ces deux plis à peine indiqués, et au-dessous desquels il se trouve encore du sang. Ce n'est pas un couteau ordinaire qu'on a essuyé avec ce papier, c'est un poignard à lame plate, et légèrement quadrangulaire.

— Précisément un poignard! s'écria Antoine; des brigands, des jacobins, des chouans!

« M. de Leurtal imposa durement silence à l'interrupteur et le renvoya de la salle à manger. Amélie avait pris le papier, et par un mouvement machinal, comme une maîtresse de maison qui fait les honneurs de la table, elle le passa à son voisin. Celui-ci l'examina avec curiosité, et jetant un nouvel effroi dans l'ame de la malheureuse Amélie, il ajouta tout à coup :

— Mais il y a quelque chose d'écrit sous ce sang.

— Voyons, voyons ! s'écria M. de Leurtal, l'œil ardent et la voix altérée. On lui rendit le papier, et sur son extrémité il déchiffra lentement ces mots :

« *Monsieur et madame de Leurtal ont l'hon-*
« *neur d'inviter....* » Il s'arrêta : le papier était déchiré.

« Les syllabes de cette phrase épelées à travers le sang, sonnèrent comme un glas de mort à l'oreille d'Amélie. M. de Leurtal froissa le papier avec une violence horrible, et décelant alors pour la première fois toute la tempête de son ame, il s'adressa à sa femme et lui dit d'une voix farouche :

— Eh bien ! madame, nous verrons celui de nos invités qui manquera à la fête de ce soir.

« Il sortit, et tout le monde le suivit dans un

silence soupçonneux. Amélie resta seule, et pour la première fois elle osa regarder l'horrible objet d'accusation. Elle le regarda, et, faut-il vous dire tout ce qu'une femme peut remarquer dans son amant, elle reconnut ces doigts à cette beauté des ongles que son mari avait si bien vue; elles les reconnut. Elle était seule, elle les emporta. »

Ici madame de G*** s'arrêta, accablée par la terreur de son récit. Je le crus fini, et dominé moi-même par l'intérêt qu'il m'avait inspiré, je lui dis vivement :

— Et vous jugez assez mal notre jeunesse, madame, pour la croire incapable du courage de M. de W*** ?

A ces mots, madame de G***, me regardant avec un triste sourire, ajouta doucement :

— Ah! ce n'est pas là que fut le dévouement; ce n'est pas là que fut le soin de la réputation de celle qu'il aimait. Se mutiler, c'est affreux; mais écoutez la fin de cette histoire. Je me rapprochai d'elle, et elle continua.

« Dire les inquiétudes, les projets désespérés et les angoisses qui déchirèrent le cœur de madame de Leurtal durant cette journée, ce serait vouloir vous raconter ce qui dans une autre vie eût suffi à des années de douleur.

Toutefois, il arriva à Amélie ce qui arrive à ceux dont le malheur n'est pas accompli : un vague espoir flotte toujours parmi ce choc de toutes les souffrances. L'empire des devoirs du monde et des habitudes journalières vint aussitôt à son secours, et ce fut en paraissant donner des soins attentifs aux préparatifs de la fête du soir, qu'elle passa cette journée. Que vous dirai-je ? elle parut au salon resplendissante et calme. A mesure que l'heure du danger approchait, elle s'était sentie devenir forte. Elle avait fait ce que doit faire toute ame résolue qui veut être à la hauteur de son sort. Au lieu de laisser venir le malheur pied à pied dans sa vie, elle l'avait reçu tout entier dans son imagination : elle s'était dit que la fin de cette journée pourrait être pour elle le déshonneur et la mort, et elle s'était fait une résolution pour une si grande catastrophe.

«La fête commença, et les conviés arrivèrent en foule. M. de Leurtal, debout à quelques pas de la porte, affecta ce soir-là une politesse qui lui permit de compter pour ainsi dire ceux qui entraient. Cependant l'heure s'avançait, et M. de W*** ne venait pas; quelques-uns des merveilleux du jour se faisaient aussi attendre. Madame de Leurtal était alors assez belle pour avoir excité plus d'un désir et reçu plus d'un hommage, de façon que les soupçons de M. de Leurtal pouvaient encore rester indécis. La fête continue, et quelques invités manquent encore; mais ce sont des femmes, des vieillards, ou des inutiles, pas un homme à soupçonner, si ce n'est peut-être M. de W***. Amélie s'en aperçoit, et son mari lui jette ces mots au moment où elle passe près de lui :

— Le cercle de mes soupçons se resserre, il n'enferme plus que trois noms, et déjà j'oserais choisir et m'assurer que monsieur...

« A l'instant où il allait prononcer le nom fatal, il retentit avec fracas à la grande porte du salon, et M. de W*** y paraît. M. et madame de Leurtal furent, chacun de son côté, si empressés de le dévorer de leur regard, que ni l'un ni l'autre ne put observer le trouble qui les trahissait tous deux. Mais cet aspect jeta dans l'ame de tous deux des sentimens bien différens. M. de W*** entra, son claque sous le bras, caressant son jabot de la main gauche, et de la main droite jouant avec la longue chaîne de montre que portaient alors les élégans du temps.

— Ah! ce n'est donc pas lui! pensèrent ensemble monsieur et madame de Leurtal.

— Ce n'est donc pas lui que je dois soupçonner, se dit le mari, devenu soudainement honteux et embarrassé.

— Ce n'est donc pas lui qui a été blessé ! s'écria en son âme la triste Amélie.

« Oh ! dès ce moment comme tout changea pour elle ! La grandeur de son danger évanouie, son amant sauvé, ses angoisses éteintes : tout cela lui allégea le cœur au point que si M. de Leurtal n'eût encore attendu les autres invités, qui ne vinrent point, il eût deviné la vérité aux regards heureux de sa femme. A plusieurs fois, M. de W*** passa près d'elle, et lui parla avec cette aisance et cette politesse dont il était le modèle. Le bal avançait, tout était sauvé. Bientôt, selon l'habitude de cette époque, on propose de danser une gavotte. Quelques voix désignent les danseurs les plus renommés et les danseuses les plus à la mode de nos salons d'alors. M. de W*** est désigné le premier ; on ne donna à madame de Leurtal que la seconde place parmi les femmes, de façon qu'ils étaient en vis-à-vis. Jusqu'à ce moment un reste d'inquiétude avait murmuré au fond de la joie de madame de Leurtal ; elle ne supposait ni ne devinait rien, mais elle craignait encore. Cependant toute anxiété se tut lorsqu'elle vit avec quelle légèreté et quelle perfection M. de W*** dansait devant tout ce monde attentif. Le regard et le sourire tranquilles et polis, les passes légèrement faites, sans être évitées, la main sur laquelle on devait s'appuyer librement présentée : tout cela mit au cœur de madame de Leurtal tant de certitude d'avoir si inutilement souffert, qu'elle-même se livra avec plus d'abandon à cette danse alors si admirée, et que, dans un moment où la rapidité des mouvemens pouvait tout cacher, elle se laissa aller à serrer la main de M. de W***, comme pour le féliciter d'un bonheur qu'il ne devait pas comprendre. A ce moment, un cri horrible se fit entendre...... »

—Ah! m'écriai-je, en interrompant malgré moi madame de G***, c'était M. de W***!

— Non! reprit madame de G*** avec une énergie que je ne lui avais jamais vue; non, monsieur, non, il ne pâlit point et ne cria point; ce fut la malheureuse Amélie qui tomba évanouie, en sentant céder sous sa main la main inutilée de son amant, en pressant, sans qu'ils répondissent à son appel, ces doigts de coton si habilement préparés.

« Le lendemain, une fièvre horrible s'empara de madame de Leurtal, et M. de W*** vint tous les jours s'informer de sa santé pendant plus d'une semaine, continuant ainsi son sublime dévouement. Après ce délai, il partit pour l'armée, emportant avec lui son secret.

— Et il l'a toujours gardé? dis-je à madame de G***.

— Oui, monsieur, reprit-elle tristement, et bientôt nous apprîmes que dans une rencontre il s'était exposé si témérairement, qu'il avait dû subir une terrible opération. Quand il revint, il avait déjà un bras de moins.

«Ah! s'écria madame de Leurtal en le voyant, qu'avez-vous fait?

— C'était le plus prudent, répondit simplement M. de W***.»

Après ces mots, madame de G*** tomba dans une profonde rêverie, et je n'osai lui dire combien je la plaignais d'avoir tant souffert.

FIN DU PREMIER VOLUME.

www.ingramcontent.com/pod-product-compliance
Lightning Source LLC
Chambersburg PA
CBHW070632170426
43200CB00010B/1986